中國歷史報

明

主編　李樹芬
　　　譚海芳

編寫　吳旦旦
　　　楊敏華

中華書局

致讀者

　　隨着社會的飛速發展，傳遞信息的報紙品種也越來越多，林林總總、琳瑯滿目，但現代人看到和聽到的信息很多，反倒不覺得新鮮了。不過，古代發生的好玩兒的，有意思的事兒，現代人沒有親歷過，如果從當事人的嘴裏說出來，會不會覺得很有趣呢？

　　其實，古時候和現在一樣，也有很多「新聞」。那時的調皮小孩也會逃學、打架、捉迷藏、玩遊戲。只是那些事情離我們漸漸遠去，很少有人對現在的你講起。歷史課上，老師要我們背誦的只是一些枯燥乏味的年代、數字、人名和名詞解釋，諸如唐朝於 618 年建立，在 907 年滅亡；老師只關心我們能否把唐太宗的豐功偉績背得滾瓜爛熟，在答卷上得個高分。可有誰知道那些好玩兒的事兒呢？例如，在唐朝，唐太宗最愛「照鏡子」、第一大美女竟胖得像水桶、皇帝有個野蠻女友；在明朝，大臣可以在皇帝面前打群架、皇帝有私人警察 —— 錦衣衛、太監竟把皇帝賣給了敵國……

　　現在，這些趣事都作為新聞登在了《中國歷史報》上。

　　《中國歷史報》每個朝代都有一份，每份都報道名人的趣事、歷史上發生的新鮮事兒、皇帝鮮為人知的家長里短、宮廷裏的鉤心鬥角，以及一些令人難解的歷史謎團……

　　《中國歷史報》上還有一些有趣的小欄目：「新聞快報」「記者述評」「娛樂八卦」「廣而告之」「百姓生活」……

可不要小瞧《中國歷史報》的編輯和記者們，他們都是每個朝代的名人呢！他們會給我們帶來最真實、最詳盡的新聞和報道。當然，《中國歷史報》也會刊登小讀者和普通老百姓的來稿。所有的新聞都來自「第一現場」，根據「第一手資料」得來。這些新聞每一則都風趣幽默，能引得讀者開懷大笑，因為《中國歷史報》編輯部的辦刊宗旨就是：把歷史事件寫成好玩兒的故事，容易理解、便於記憶，以喚起小讀者對學習歷史的興趣。

有趣的歷史故事都彙集在《中國歷史報》中，走進這個熟悉又陌生、令人驚奇又發人深思的歷史世界，你將感到無窮的快樂。

　　《中國歷史報》真是一份好看的報紙。好看在哪裏？它把歷史寫成了新聞。這樣一來可不得了，大臣成了爆料人，皇帝成了八卦對象，戰爭上了快訊，大事有了深度報道，拗口的專有名詞則化身為「時政辭典」裏推廣普及的熱詞……一句話，嚴肅到近乎沉悶的歷史一下子緊張活潑起來，充滿了新聞激動人心的特質。想想看吧，大名鼎鼎的趙武靈王做訪談嘉賓，和你一起聊聊穿胡服的好處，都江堰的驗收報告上了科技資訊，陰謀家呂不韋現身說法，來和你談風險投資，賢良的長孫皇后、和親的文成公主、孝順的晉陽公主都榮登大唐耀眼女性榜，翰林院的大臣們還為此搞了一個特別策劃，在「婦女節」集中報道……你見過這麼有趣的歷史嗎？

　　有趣可不是《中國歷史報》的唯一好處。它的第二個好處是可靠。就像我們今天看新聞，誰都知道負責任的媒體和娛樂小報大不相同，看古代的新聞，更是容不得為博眼球而胡編亂造。在可信度上，《中國歷史報》絕對屬於負責任的媒體。它一共八本，按時代先後分成先秦、秦、兩漢、三國兩晉南北朝、隋唐五代十國、宋元、明、清八部分，每本書裏講什麼、怎麼講，可都經過了編者的精心安排。怎麼安排呢？第一原則是突出時代主題。比如秦朝這一本，它由七大部分組成，第一部分變法圖強，第二部分合縱連橫，第三部分橫掃六合，第四部分千古一帝，第五部分揭竿起義，第六和第七部分都是楚漢爭雄。把目錄讀下來你就會發現，這不正是從戰國開始一直到秦朝滅亡的歷史進程嗎？變法圖強讓秦國強大，合縱連橫則是因為秦國強勢而產生的激烈外交鬥爭，橫掃六合是秦國

的統一歷程，千古一帝則對應着秦國變為秦朝這一千古變局和秦始皇的巨大成就，揭竿起義是秦末危機，而楚漢爭雄則對應着在諸侯滅秦的基礎上如何建立新時代。翻開書目，歷史大勢就已經躍然紙上，時代特質也了然於胸，這樣的歷史讀物，可比那些專講奇聞異事的書籍強多了。

除了突出時代主題之外，《中國歷史報》還力求全面反映時代風貌。以往的歷史書不都是政治主導嗎？《中國歷史報》的眼光可要開闊得多。就拿第一章變法圖強舉例子吧，除了三家分晉，各國變法之外，竟然把河伯娶媳婦、扁鵲見齊桓侯、鄒忌諷齊王納諫等故事也都寫了進去。要知道，這可不是一般的小故事，它對應着地方治理、醫學進步和謀臣縱橫這樣的大主題。舉重若輕，讓人在妙趣橫生之中長了見識。

每種書當然都有它的預期讀者。《中國歷史報》的第三個好處就是定位清晰。什麼定位呢？中小學生。價值導向考慮中小學生，表達方式貼近中小學生，欄目設置向中小學生傾斜，還有知識測試來檢查中小學生們的讀報成果 …… 不拔高，不降低，不長不短不肥不瘦，恰如量身定做。有了這種量身定做的態度，中小學生讀者們就不至於有閱讀成人讀物的違和感啦。確實，如今嚴肅的歷史書不大討中小學生喜歡，通俗的歷史讀物又往往是寫給成年人的，雖然好看，但是內容設定、寫作風格乃至價值判斷都未必適合未成年人，這樣的讀物拿給孩子看，家長們難免惴惴不安吧。如今，《中國歷史報》回應社會需求，專門打造一套適合青少年閱讀的歷史普

及讀物，算是特別的愛給特別的你，想想看，是不是有很貼心的感覺？

歷史講的是過去的事情，但它永遠面向未來。孩子當然是不折不扣屬於未來的，但他們和她們，也都繼承着來自祖先的古老基因，無論是血統，還是文化。歷史是土壤，孩子是花朵。土壤是花朵生存的養料，花朵是土壤存在的意義。那《中國歷史報》呢？希望它成為花朵和土壤聯繫的紐帶吧！

蒙曼

1 一統天下
一三四四年～一三九八年

2 永樂盛世

一三九九年～一四二四年

3 人才輩出

一四二五年～一四三五年

4 土木之變
一四三六年～一四六四年

5 勵精圖治

一四六五年～一五〇五年

6 寧王之亂

一五〇六年～一五二一年

7 內憂外患

一五二二年～一五七二年

8 大明末路

一五七三年～一六四四年

一統天下

◎他放過牛，做過和尚，要過飯，當過兵，最後居然做了皇帝。這個人就是朱元璋。

◎陳友諒、張士誠和北元都要面對同一個敵人，這個人就是朱元璋。

◎他平生最恨官員貪污，遇到貪贓枉法的官員，一定毫不留情地殺掉。這個人就是朱元璋。

◎有人認為他是好皇帝，也有人認為他是壞皇帝；有人愛他，也有人恨他。這個人還是朱元璋！

◎朱元璋究竟是個什麼樣的人呢？答案就在第一期中。

我的鐵哥兒們

我最鐵的哥兒們是朱重八（也就是朱元璋）。我們從小一起長大，一起給地主家放牛，所以我對他最了解。

朱重八個子高高的，皮膚很黑。他大耳朵，粗眉毛，大眼睛，大鼻子，下巴也有點長，雖然看上去有些怪，但是給人的感覺十分威嚴。

重八從小就有領導天賦，同齡的孩子都聽他的話，大一些的孩子也願意跟隨他。他這個人很有膽識，還非常講義氣。他曾經巧妙地讓我們飽餐過一頓牛肉，因此大家都很感激他。事情是這樣的——

我們都是窮人家的孩子，經常有一頓沒一頓，連飯都吃不飽。至於肉的味道，那也只是在夢裏嘗過。

有一次，我們給地主家放牛時，都有一天沒吃東西了，大家餓得前胸貼後背，都幻想着：如果有一碗白米飯，該有多好呀！這時，有個夥伴發出一句感歎：「如果能嘗嘗肉的味道就更好了！」我們都嘲笑他癡心妄想。

重八卻說：「你們放着現成的肉不吃，真是一群呆鳥！」聽了這句話，我們都不明白他是什麼意思。

只見重八牽過來一頭小牛，並用繩子把牛的後腿捆起來，我們幾個這才恍然大悟。大家一起動手宰牛、拾柴、生火，然後把牛肉一塊塊放在火上烤。聽着肉在火中「滋滋」作響，聞着彌散在空中的香味，我們一個個饞得直咽口水。

等牛肉烤熟後，我迫不及待地咬了一口，把嘴巴都燙傷了。聽到我「哎喲」一聲大叫，夥伴們都笑了。然後大家一起開吃，飽飽地吃了一頓烤牛肉，那真是我們這輩子吃過的最美味的食物了。

吃完烤牛肉，我們摸着圓鼓鼓的肚皮，看着地上剩下的一堆骨頭、一張牛皮和一條牛尾巴，這才驚慌地想起，該如何向吝嗇又兇惡的地主

交代呢？有個小夥伴甚至害怕得哭了起來。

重八不慌不忙地說：「你們別着急，這件事是我帶頭幹的，出了事我來頂。」

他把牛皮和骨頭埋起來，然後把牛尾巴插進山洞外的石縫中。接着，他急匆匆地跑回去告訴地主：「老爺，不好了！您家的小牛鑽進山洞裏，被石頭壓住了。我們幾個人拉着牛尾巴使勁拖，也沒能把牠拽出來，估計小牛已經被石頭壓死了。」

地主聽了很生氣，把重八毒打了一頓，還把他趕回家，不准他再放牛了。

為了這事，重八的父親把他罵了一頓，但是重八自始至終都沒有把我們供出來，真是夠仗義的。從此以後，我們就更加敬佩重八了。

這就是我的鐵哥兒們——朱重八。

湯和

特別報道 一個小和尚的哭訴

佛祖：

您是不是對元朝的殘酷統治發怒了，所以降下這麼多災害來懲罰他們？但是，您這樣做，最終受苦的還是老百姓呀！先是旱災，幾個月不下雨，莊稼都枯死了；接下來是蝗災，遮天蔽日的蝗蟲把地裏能吃的全都吃了。這不是要把人活活餓死嗎？還沒等我們緩過氣來，瘟疫又來了。幾天的時間，鄉裏的人接二連三地病倒，先是渾身無力，接着是上吐下瀉，然後一晝夜的時間就斷了氣。原本熱鬧的村子現在變得人煙稀少，都有些陰森恐怖了。

我們朱家祖祖輩輩都是老實人，規規矩矩地給人做事，為什麼厄運還是會降臨呢？我們家原本三代同堂，日子雖然窮，但是還過得去。可瘟疫一來，就奪走了我爹娘、哥嫂、姐姐和侄子的性命，一個家就這樣散了，這讓我和二哥怎麼辦呀？我們原本就窮，現在更是沒有一文錢，連安葬親人的棺材都買不起了。老天爺是要滅了我們老朱家嗎？

有好心人施捨了一塊地給我們當墳地，我和二哥感激涕零。我們好不容易用草席把親人裹好，抬到地頭，可是突然之間電閃雷鳴，天降傾盆大雨。山上的土被沖刷下來，把親人們的屍體埋在了下面。我和二哥哭得死去活來，痛不欲生。我想問問老天爺：你為什麼要這樣做？你這是幫我們埋葬親人呢，還是幫着朝廷欺負我們窮人，讓我們死無葬身之地？

現在，我和二哥迫於生計，只能各自逃命。我到佛前侍奉您，將來的生活會怎樣，我不知道，但是我一定會努力活下去的！

弟子：如淨（朱重八的法號）

至正四年（1344年）十一月

捉拿「起義軍」要犯

大元子民：

最近不少地方有刁民聚眾鬧事，成立所謂的「起義軍」。他們還以宗教的名義散佈謠言、蠱惑人心，嚴重擾亂了社會正常秩序。朝廷已下令捉拿所有參加「起義軍」的刁民，並將嚴加處置。各地民眾要配合朝廷追查「起義軍」要犯，不要輕易相信謠言，不許和「起義軍」有聯繫，更不許私藏逃犯，一旦發現，株

連全家。如果積極揭發逃匿的「起義軍」或提供線索，朝廷定當重賞。望各位積極配合！

至正十一年（1351 年）七月

信件轉載　一封改變朱重八命運的信

重八兄弟：

　　最近可好？

　　自從鬧瘟疫那年一別，咱們已經好多年沒見面了吧？先是聽說你在皇覺寺出家，我去找你，後來又聽寺裏的和尚說你到淮西雲遊去了。

　　自從你走後，咱們家鄉更加貧困了，我們的日子一天不如一天。大夥兒本來就沒吃的，那些朝廷的爪牙們還三天兩頭向我們徵收賦稅，抓我們去服徭役。我受不了那樣的生活，就逃了出來，剛好碰上郭子興元帥招納義兵，準備推翻元朝的殘暴統治。終於有機會揍那些欺負人的狗賊了，於是我毫不猶豫就加入了起義軍。

　　到了軍營裏，我不但有飯吃，有地方住，而且和大夥兒一起操練，還能上戰場痛打狗賊，真是痛快極了。在軍營中，不論你出身如何，只要你肯賣力殺敵，就有機會獲得獎賞。我現在已經是一個千戶，也算得上是一個小官了，和過去相比真是天壤之別呀！重八，我們小時候就發誓要有福同享、有難同當。憑你的能力，到這裏來一定會混得更好。快來加入起義軍，我們一起改變命運吧！

老友　湯和

至正十一年（1351 年）十一月

朱元璋日記　從軍歷程

我已經二十四歲了，難道就一直在皇覺寺裏敲鐘拜佛嗎？我生來就是聽人使喚的嗎？不，我得找機會改變命運！可是下一步該怎麼走，我真的很迷茫。如果有人能指點我一下就好了。

今天收到了湯和兄弟的信，他讓我去參加起義軍，和他一起造反。

可是造反多麼危險呀，被朝廷發現了是會被砍頭的。老朱家已經沒剩幾個人了，如果我造反被抓，說不定朱家的香火就斷了，我爹在天有靈也會罵我的。我還是安安分分當和尚吧！

今天又聽說了元朝的暴行，真讓我憤懣。唉，作為男子漢大丈夫，卻只能當和尚，靠別人的施捨活着，真是太沒出息了！

最近不少地方都有起義軍暴動，朝廷要求地方官派人圍剿起義軍。可那些沒人性的家夥竟然抓走老百姓，然後將他們砍頭來交差。他們就是這樣欺負老百姓的。要這樣的政府有什麼用？真希望起義軍快點來，把這些狗官都拉出去砍了。

　　我一直都很小心謹慎，湯和給我的信我偷偷看完就燒掉了，可為什麼還是被人發現了呢？而且那個人竟然知道信中的內容。最可惡的是，他還去官府誣告我，說我和起義軍有勾結。這下真的是跳進黃河也洗不清了。都怪湯和，給我寫什麼信呀，我又不打算參軍。

　　就在這時候，我的好朋友周德興來了。他是專門研究易經、八卦之類東西的，聽說我的情況後，主動要給我算一卦。反正已經無路可退了，就看看卦象上是怎麼說的吧。他說我留在寺裏很危險，逃跑也不安全，如果去參加起義軍，說不定還有好運氣。

　　我該怎麼辦？我也很迷茫，就暫且相信這一次的卦象吧。找湯和從軍去！

　　幸好我跑得及時。如果遲走一步，就會被元兵抓住，說不定現在已經身首異處了。唉，當個安安分分的老百姓真難！

　　窮人到哪裏都受欺負，就連老天爺也欺負我。在逃亡途中，天下着雨，我衣着單薄，凍得直發抖。老天爺就可憐可憐我們這些窮人吧！

　　也不知道走了多久，我終於回到了故鄉濠州（今安徽省鳳陽縣）。湯和應該就在這裏，可是我怎麼找到他呢？沒有什麼好辦法，就碰碰運氣吧，明天一大早去軍營。

從今天起，我的人生就會有一個新的開始，因為我是一名士兵了，而且是郭子興手下的起義士兵。說起今天的事，現在回想起來，還讓人心有餘悸呢！

找到了軍營，我就老老實實對守門的士兵說，我要從軍。可是他竟然把我抓起來，說什麼我是奸細。我心裏暗暗叫苦：難道千里迢迢跑來，是為了把命葬送在這裏嗎？

這時，他們的元帥出來了，就是湯和信裏說到的郭子興元帥。郭元帥比那個軍士和藹多了。他問軍士：「你怎麼知道這個人是奸細呢？」軍士回答說：「現在我們被元軍圍困了，哪裏還會有人來投軍？所以他一定是元軍的奸細。」

郭子興親自問我來這裏到底幹什麼，我沒做虧心事，就鎮定地重申自己的想法：「我不是奸細，我是來投軍的。」郭子興似乎被我的鎮定打動了。他又問了幾句，還說要把我砍頭。我想，反正賤命一條，到哪裏都活得不自在，還不如早點死了好，就滿不在乎地「嗯」了一聲。

奇怪的是，郭子興沒有殺我，卻找來了我的好兄弟湯和。於是誤會澄清了，我不僅被釋放，還成了一名起義士兵。

今天是九九重陽節，我很想念遠在外地的親人。一轉眼，我來到軍營已經有幾個月了。現在我是郭元帥的親兵，在他身邊處理一些事情。由於我工作認真努力，勤於思考，每次都能圓滿完成任務，已經從一個普通士兵升為九人長（相當於帶領九個士兵的班長）了！

還有，我已經改了名字，不叫朱重八了。從今以後，請叫我朱元璋！

（選自《朱重八從軍日記》）

朱元璋名字趣聞

我們都知道，朱元璋原名叫朱重八。可是你知道嗎，朱元璋的父親叫朱五四，祖父叫朱初一，高祖（爺爺的爺爺）叫朱百六。另外，張士誠（朱元璋的對手，後面會出現）的小名叫張九四。你有沒有覺得奇怪，為什麼他們的名字都是數字呢？

因為當時的元朝統治者把百姓分為四個等級，蒙古人是最高級的，漢人是最低級的。漢人如果不能上學和當官的話，就沒有名字，只能以父母年齡相加或者按出生的日期命名，所以出現了類似朱重六、朱重七（朱元璋的兩個哥哥）這樣的名字。

那麼，朱元璋的名字是怎麼來的呢？原來，郭子興十分欣賞朱重八，於是給他改了個名字叫「朱元璋」。「朱」與「誅」同音，「元」指的是「元朝」，「璋」是一種尖銳的玉器。朱元璋這個名字所蘊含的意思就是「誅滅元朝的利器」。那麼，朱元璋能否像他的名字一樣，滅掉元朝呢？

高築牆，廣積糧，緩稱王

郭子興病逝，朱元璋率部渡過長江，攻佔了應天（南京）。朱元璋採納朱升的建議：「高築牆，廣積糧，緩稱王。」他派大將分別駐守各個城池，鞏固地盤；反覆強調軍紀，保護農民的耕種；同時，名義上服從北邊韓林兒、劉福通的領導，不着急當上大王，低調發展勢力。朱元璋就這樣崛起了。

PK 大擂台，猜猜誰是最後贏家

（一）朱元璋 VS 陳友諒

陳友諒小傳：

湖北沔（音同免）陽（今湖北仙桃市）人，出身漁家，早年生活艱辛，後來通過科舉考試當過小官。因不滿元朝統治者的壓迫，舉起了反元大旗，成為元末農民起義領袖之一。後來自立為漢王，建立大漢政權，佔據安徽、江西、湖北襄陽等地。

作戰地點：

鄱陽湖

雙方實力：

朱元璋雖然佔據了應天（今江蘇南京），但是四面受敵，軍事形勢十分不利。

陳友諒軍事力量雄厚，尤其是水軍，十分強大。

作戰武器：

朱元璋的戰船：漁船，還有一些從敵人手中繳獲的破船；

陳友諒的戰船：最大的長十五丈，寬兩丈，高三丈。

相比之下，朱元璋的船就像玩具船。

精彩回放：

作戰雙方實力懸殊，但是朱元璋自有辦法。他認為敵船雖大，但是機動性不好，只要利用自己船隻的靈活性，就可以擊破敵人。

開戰時，朱元璋派徐達為先鋒。徐達將船隻列為小隊，帶上火槍和箭弩，出其不意地向敵軍衝去。一邊發射火槍和箭弩，一邊靠近敵方的

船隻，攀上敵船，與敵人短兵相接。

朱元璋親自指揮作戰，全軍士氣高昂，萬眾一心。水軍分為十一隊，每隊都配備火銃（一種舊式火器）、長弓、大弩等武器，分作幾步，先發火銃，再射箭弩，最後是白刃戰。交戰時雙方短兵相接，殺聲震天，一時箭如雨下，炮如雷轟，血雨腥風，波浪掀天，只殺得連湖水都變紅了。

兩軍戰士從這船跳到那船，頭頂上的火箭、炮石齊飛，眼前一片刀光劍影，耳朵裏聽到的只有喊殺聲和兵器碰撞的聲音。湖面上漂着戰死的將士和掙扎呼號的傷兵。兩軍相持不下，盡力苦戰，互有勝負，雖然死傷都很大，但是誰都不肯後退一步。

結局：

打到最後幾天，陳友諒的軍隊已經絕糧。陳友諒也因麾下將士投降朱元璋，實力被大大削弱。朱元璋加緊追擊，終於大勝陳友諒，並將他的疆土歸為自己所有。

（二）朱元璋 VS 張士誠

張士誠小傳：

張士誠，元代農民起義領袖之一。他出身於貧苦的鹽民之家，領導了江浙一帶鹽民反對元朝統治的武裝起義，並以富庶的江浙地區為根據地，建立了東吳政權。

朱元璋打敗陳友諒之後，士氣大振。他想要乘勝追擊，擴大地盤，於是東吳的張士誠成為他下一個進攻目標。

精彩回放：

朱元璋設法分散張士誠的兵力，先取湖州、杭州，令張士誠無法救援，然後集中兵力，各個擊破。枝葉一去，根本動搖，正當張士誠疲於奔命之時，朱元璋又移兵直取平江。打仗時朱元璋親自督師，叮囑將帥

和睦，不欺凌軍士，進城後不燒殺擄掠，因此獲取了民心。

接着，朱元璋採用「銷城法」進圍平江，先將平江城的張士誠守軍重重圍困，施弓弩火銃，日夜轟擊。張士誠外無援兵，內無糧草，突圍失敗，只得死守，誓不投降。城破之後，他還親自率兵展開巷戰。

結局：

攻下平江，俘獲張士誠，結束東吳之戰。

（三）朱元璋 VS 元朝

元朝小傳：

元，原本是由蒙古族建立的一個少數民族政權，後來成吉思汗統一了蒙古部落，他的孫子忽必烈滅亡了南宋，建立了元朝這個大一統帝國，定都大都（今北京）。元朝統治者常常欺負老百姓，實行民族壓迫政策，久而久之就引起了人民的反抗，各地頻頻爆發起義。

精彩回放：

朱元璋派出徐達和常遇春出征，逼得元朝軍隊節節敗退。他們只用很短的時間就佔領了山東和河南，然後朝着大都（今北京）前進。

大都是元朝的都城，城牆十分堅固。城中有大量軍需和糧草，而且有十萬元軍就在附近，隨時準備作戰。可是讓徐達和常遇春吃驚的是，元朝的皇帝聽說朱元璋的部隊打來了，居然提前帶着家眷逃跑了。大都不攻自破。

朱元璋的軍隊並沒有就此罷休。徐達和常遇春繼續追擊元軍，雙方在一進一退中艱苦戰鬥着。

結局：

徐達和常遇春先後進攻山西、陝西，把元朝軍隊打得落花流水。元朝的皇帝也在逃亡途中死去。

（特約記者　丁旺）

大明朝建立了

　　洪武元年（1368 年）正月初四，朱元璋定國號為大明，年號洪武，以應天為都城（應天隨即改名為南京）。

　　奉天殿受賀後，朱元璋立馬氏為皇后，世子朱標為皇太子，李善長、徐達為左右丞相，各位文武功臣都加官晉爵，授予莊園。朝廷上下充滿了朝氣蓬勃的新氣象。

（特約記者　劉基）

明朝國號由來

　　大明的國號源自明教。明教最初產生於唐朝，有「明王出世」的傳說，經過五百多年公開和秘密的傳播，「明王出世」已經成為民間流傳甚廣的預言。元朝末年，韓山童自稱「明王」，吸引了不少人跟隨他起義，推翻元朝的統治。韓山童死後，他的兒子韓林兒繼稱為「小明王」，朱元璋就是小明王的部下。「小明王」死後，朱元璋稱帝，建立了新的王朝，國號大明。

　　朱元璋之所以用這個國號，原因有二：第一，表明新政權是繼承「小明王」的，與明教徒是一家人，大家應該團結在一起；第二，告訴人們「明王」已經在世，讓大家好好享受「明王」統治下的和平生活，不要再生事端。

（選自《大明朝檔案解密》）

誰的功勞最大

「誰的功勞最大」評選活動開始啦！

自大明朝建立以來，皇帝朱元璋根據手下將領在戰爭中的功勞進行了封官加爵。但是到底誰的功勞最大呢？是「運籌帷幄之中，決勝千里之外」的文臣，還是出生入死、奮勇殺敵的武將呢？請為你最仰慕的開國功勳投出寶貴的一票，用行動支持他！

以下是供大家投票的功臣名單：

看誰的功勞最大？

常遇春　李善長　朱文正　劉基　徐達　湯和

射擊冠軍常遇春

鄱陽湖水戰中，陳友諒手下號稱第一猛將的張定邊在船頭指揮作戰，把朱元璋的水軍打得落花流水。當明軍士兵們急得團團轉，不知如

何是好的時候，常遇春手持一張弓，鎮定地來到瞭望軍士身邊，沉穩地對他說：「不要慌亂，告訴我，哪個是張定邊？」

軍士用手指向敵軍戰船艦首的一個人，常遇春順着他所指的方向拉弓搭箭，軍士手還沒有放下，箭就已經射了出去，一箭射中張定邊。敵方的首領中箭受傷，士兵作戰失去了指揮，很快亂作一團。朱元璋趁此機會反攻，最終取得了勝利。

勇敢指數	★★★★★
智慧指數	★★★★☆
人氣指數	★★★★★

開國丞相李善長

李善長是個文弱書生，初進軍營時，朱元璋對他並不在意。

一年冬天，朱元璋在營帳裏烤火時自言自語：「天天這麼打仗，何時是個頭呀？」這時李善長從容地說：「秦朝大亂時，漢高祖劉邦本來只是普通百姓，但是他豁達大度，能知人善任，最終戰勝項羽，成就大業。如果您向劉邦學習，將來天下也一定會是您的。」

朱元璋吃驚地看着這個讀書人，因為他說出了自己心中的想法，朱元璋恭敬地向他行禮。從此，四十歲的李善長和二十六歲的朱元璋成了忘年交，經常徹夜長談，共謀天下大事。李善長跟隨朱元璋南征北戰，常常為朱元璋出謀劃策，為明朝的建立做出了很大的貢獻。

勇敢指數	★★☆☆☆
智慧指數	★★★★★
人氣指數	★★★★☆

軍事天才朱文正

朱文正是朱元璋的侄子。平日裏，他花天酒地，不務正業，是一個典型的敗家子、紈綺子弟，大家礙於朱元璋的面子，不好當面指責他。鄱陽湖之戰前夕，朱元璋交給他一項艱巨的任務——把守洪都。

朱文正到達洪都後，把駐守每個城門的軍隊都安排得井井有條，等待敵軍的到來。當陳友諒帶領 60 萬大軍進攻洪都時，朱文正先讓城樓上的士兵用弓弩和木石應戰，以阻止敵軍的進攻。當戰鬥進行到最艱苦的時候，甚至連城門也已經被打破時，朱文正卻沒有認輸。他一邊讓人修城牆，一邊登上城樓親自督戰，與戰士們並肩戰鬥。

在這場戰鬥中，朱文正充分發揮了他的軍事天賦，不僅指揮得當，而且意志堅定，奮力死守洪都。陳友諒帶領 60 萬大軍攻城 85 天，竟未攻下。朱文正創造了一個軍事奇跡，因此聲名鵲起。

勇敢指數	★★★★☆
智慧指數	★★☆☆☆
人氣指數	★★★☆☆

智多星劉基

劉基即劉伯溫，是元末明初的軍事家、政治家及詩人，通經史、曉天文、精兵法。

在輔佐朱元璋的過程中，劉基充分展現了一個卓越兵法家的才能，給朱元璋提出了很多有用且及時的建議。比如，在面對陳友諒和張士誠兩個大敵時，劉基針對當時形勢，向朱元璋提出避免兩線作戰、各個擊破的策略，輔佐朱元璋集中兵力先後消滅陳友諒、張士誠等勢力。他還建議朱元璋脫離「小明王」韓林兒自立。為了收攬天下民心，後來的國號定為「大明」也是他的主意。

勇敢指數	★★☆☆☆
智慧指數	★★★★★
人氣指數	★★★★★

能征善戰的徐達

徐達是與朱元璋早年一起出生入死的戰友，他曾立下過很多汗馬功勞。在進攻北元（元朝滅亡後，蒙古統治者在北部邊塞建立的政權）的戰鬥中，徐達和常遇春帶領大軍如入無人之境，把北元打得狼狽不堪，奪取了很多城池。朱元璋對他的勇猛作戰讚賞有加。

徐達之所以能常打勝仗，源於他治軍的態度。他治軍嚴謹，功高不傲，被朱元璋譽為「萬里長城」。

勇敢指數	★★★★★
智慧指數	★★★★☆
人氣指數	★★★★☆

嚴謹低調的湯和

湯和是朱元璋的同鄉好友，從小就常在一起玩兒。後來，由於湯和的推薦，朱元璋投靠郭子興參加了起義軍。

湯和為人謹慎，足智多謀，在多次戰役中屢破元軍，成為明朝的開國功臣。明朝建立後，他多次帶兵擊敗夏、北元等政權的軍隊。朱元璋後來大殺功臣，湯和是少有的得以安享晚年的一個。

勇敢指數	★★★★☆
智慧指數	★★★☆☆
人氣指數	★★★☆☆

（大明朝勞模評選組委會供稿）

洪武四大奇案

自大明開國以來，朱元璋為了建立一個公正、廉明的大明朝，採取了多種極其嚴厲的手段打擊貪官污吏。於是有不計其數的官員不僅丟掉了烏紗帽，而且連腦袋都丟了。回顧近些年的大案要案，四大奇案可以作為洪武年間的典型案例來詳細介紹。

奇案一：空印案

重要人物：眾多

時間：洪武九年（1376年）

案件回放：明朝規定，各地方每年年終的財政賬目必須和中央戶部的財政審核相一致，這一年的任務才算完成。朱元璋的本意是監督官員們廉潔奉公，然而他沒有考慮到當時的交通條件，尤其是偏遠的地方，一來一回需要數月。而且一旦賬目有一點差錯，還要重新拿回地方審核，蓋上官印，然後去戶部對賬。路上的顛簸使官員們苦不堪言，於是有些地方官員為了方便工作，耍起小聰明。他們帶着蓋了印章的空賬本到戶部對賬，將原來賬上的數字直接填入即可，十分方便。這種方法在官員之間已經成為公開的秘密了。

結果：所有官員都知道這個便捷的方法，只有朱元璋還蒙在鼓裏。當他知道了情況後大怒，認為官員這樣作弊，完全沒有把他放在眼裏。於是嚴查空印案，凡是與此案相關的部門官員及地方官員一律處死，有數以萬計的人因為此事受牽連，以致人們談「印」色變。這就是轟動一時的空印案。

殘忍指數	★★★★☆
冤枉指數	★★★★★

連我都敢騙！

奇案二：郭恆案

重要人物：郭恆、趙德全

時間：洪武十八年（1385年）三月

案件回放：御史余敏、丁廷舉發戶部侍郎郭恆與官吏趙德全合謀貪污，而且貪污的數量極大，包括：私分太平、鎮江等府的賦稅；私分浙西的秋糧；巧立名目徵賦稅，從中搜刮老百姓很多錢財；勾結其他官員共同貪污腐敗，等等。郭恆、趙德全和他們的同黨一共貪污了 2400 多萬石糧食。

結果：這個案件涉及官員之廣、貪污錢糧之多前所未有。朱元璋得知後十分震怒，決心嚴懲郭恆等人。他把所有涉事官員都抓去殺頭，凡是與此有關的人都受到了相應懲罰。這個案子一共殺掉了三萬多人，幾乎把朝廷上下一掃而光，簡直達到了空前絕後的程度。

殘忍指數	★★★★★
冤枉指數	★★★★☆

奇案三：胡惟庸案

重要人物：胡惟庸、李善長

時間：洪武十三年（1380年）——洪武二十二年（1389年）

案件回放：胡惟庸是當時的丞相，早年跟隨朱元璋南征北戰，是朱元璋的得力助手。然而自從他做了丞相之後就膽大妄為起來，甚至常常不把朱元璋放在眼中。他貪污受賄、排擠他人，私下截留下屬的奏章，甚至官員升降、處決犯人這樣的事他都敢自己做主。朱元璋對他的行為雖有所不滿，但也只是暗示他收斂一些。可是胡惟庸沒有自知之明，繼續放肆。終於，他的行為超出了朱元璋的忍耐限度，打擊胡惟庸的行動一觸即發。

洪武十二年，占城國（位於今越南南部）來南京進貢，然而胡惟庸沒有把這件事報告給朱元璋，釀成了一起嚴重的外交事故。朱元璋大怒，下令將負責這件事的胡惟庸關押起來。

後來，朱元璋又掌握了胡惟庸試圖謀反的證據，而且涉及的官員很多，於是朱元璋下令把所有和胡惟庸謀反有關的官員都抓起來。因胡惟庸案遭受牽連而被處死、流放的人不計其數，就連開國功臣李善長也受牽連而死。除此之外，朱元璋為了防止下一任丞相也這樣胡作非為，乾脆把丞相這個職位廢除了。

| 殘忍指數 | ★★★★★ |
| 冤枉指數 | ★★★★☆ |

奇案四：藍玉案

重要人物：藍玉

時間：洪武二十六年（1393年）二月

案件回放：藍玉是明朝的一代名將。他在戰場上作戰勇猛，又善於用兵，曾帶領幾萬人的軍隊深入漠北，一舉摧毀了北元，立了大功。可是他被勝利衝昏頭腦，做出了很多觸犯朱元璋的事情。有一次，他帶兵經過喜峰關口，當時天已經全黑，守關的將士已經休息了。聽到有人叫關，守門人得先呈報，然後再開門，可是藍玉等不及了，他命令士兵攻擊關卡，打破城牆強行闖入。這讓朱元璋十分生氣。他原本要封藍玉為梁國公，於是改成涼國公了。此外，藍玉還擅自將自己的親信安排進軍隊中，密謀造反。

這一切逃不出朱元璋的眼睛。洪武二十六年，朱元璋下令逮捕藍玉，並將他的同黨通通抓起來。於是又有不計其數的人被殺頭、流放。

殘忍指數	★★★★★
冤枉指數	★★★★☆

（特約評論員 湯有恭）

廣 而 告 之

嚴懲貪污受賄者

自大明建國以來，官員清廉奉公，為百姓做了不少好事，但是近來朝廷之中滋生了一些腐敗習氣。為了遏制這種不良風氣，朝廷必須加大打擊力度。即日起，凡官員貪污受賄超過六十兩白銀者，皆判處死刑。提供線索或證據者有賞。若知情不報，一併論處。

洪武七年（1374 年）

《水滸傳》問世

作者：施耐庵

章回數量：70 回、100 回、104 回、115 回、120 回不等（版本不同）

主要人物：宋江、吳用、魯智深、林沖等 108 人，高俅，宋徽宗

最早出版時間：明朝初期

價格：30 個銅板

這本書裏，講的最多的就是性格不同、擁有各種本領的好漢。這是一個造反起義的故事。因為宋徽宗是個不管事的皇帝，下面的大臣無惡不作，專門欺負好人。大家的日子過不下去了，只好聚集起來造反。最後造反成功了嗎？如果沒有成功，這些好漢後來都去了哪裏？

有一個人，他最喜歡大碗喝酒，大口吃肉。喝了酒之後能把一棵大柳樹連根拔起。他後來出家做了和尚，卻繼續喝酒吃肉，還把山門都打壞了。他是誰？為什麼這麼做，寺廟的方丈還幾次三番地護着他？

有一個人，他本來是八十萬禁軍的武術教練，武功高強，赤膽忠心。但因為妻子長得貌美，被壞人覬覦，他就被抓去坐大牢，還差點被害死。這是為什麼呢？最後他的結局又是如何？

有一個人，他不讀書、不認字，而且是個潑皮無賴、市井流氓。因為有一項獨門絕技，他受到了皇帝的器重，還被委任當了大官。你知道這門絕技是什麼嗎？

這裏面還有好多好多傳奇人物，各位看官只要花上 30 個銅板，就能全部認識他們啦！

七嘴八舌 衆人細評馬皇后

孝慈高皇后（馬皇后的諡號）於洪武十五年（1382年）去世了，享年五十一歲。馬皇后一向以賢惠仁慈為百姓所敬仰，她的賢德可以和唐朝的長孫皇后相媲美。如今，我們大明子民失去了這樣一位仁愛的皇后，真是令人惋惜。為了讓讀者對馬皇后有更加全面的了解，也為了讓馬皇后的事跡流傳於世，本報特地做了一期專訪。

湯和💬馬皇后嫁給當今皇上之前，我就認識她了。那個時候，我們都稱她為馬姑娘。私下裏，我們常稱她為馬大腳，因為她長了一雙大腳，又沒有纏過足。馬姑娘是個命苦之人，父母早逝，父親臨終前把她託付給了郭子興元帥。當年在軍營中，人人都知道馬姑娘是個巾幗不讓鬚眉的勇敢女子，而且很能吃苦耐勞。她聰明賢惠，對受傷的士兵十分關心，大家都很喜歡她。

湯夫人💬當年在軍營中，我和馬皇后的關係很好。她把丈夫照顧得十分周到，有好東西時，自己捨不得吃，總是都留給丈夫。大家都說，能娶到馬姑娘這樣的老婆真是老朱的福氣（哎呀，可不能讓皇上知道我們背後叫他老朱）。有一次，老朱被人懷疑，關入大牢，馬姑娘冒着生命危險給她送吃的。那時我正好在伙房，看到她把剛出爐的燒餅藏進自己的懷裏，立馬給牢房裏的丈夫送去。後來她向我借燙傷藥，我才知道，原來那麼燙的燒餅把她胸前的皮膚燙傷了。但是她從來都沒有抱怨過什麼，她說這是妻子應該做的事情。

秋蘭💬我是馬皇后的貼身侍女。馬皇后雖然貴為皇后，但是生活十分簡樸，除了正式的場合，她幾乎沒有穿過華麗的衣服，每頓飯也很簡單，從來不浪費。她常說，當年打仗的時候那麼苦，如今生活好了也不能太奢侈。她的珠寶首飾原本就不多，還常常送給其他妃嬪。馬皇后不但這樣要求自己，也這樣要求後宮的其他妃嬪。她把後宮打理得井井有條，給皇上省去了不少麻煩。

馬皇后對我們這些下人很寬容，很少責罰我們，有時還會替我們說話。有一次，皇上用膳時，我不小心打碎了一個酒杯，皇上十分生氣，叫人把我拉出去砍頭。我嚇得不停地磕頭，求皇上饒命。這時馬皇后立馬制止了皇上的做法，她說懲罰這些下人是她的責任，於是讓人把我拉到後院打了幾板，讓我留下了一條性命。

宋濂💬馬皇后是我的救命恩人。我是個老老實實的讀書人，曾當過太子朱標的老師。我年齡大了，本打算告老還鄉，回家安享晚年，想不到竟被捲入胡惟庸的案子中來，我真是跳進黃河也洗不清。我本是被冤枉的，可是皇上不這麼看，他決心把所有涉事官員都殺掉。關鍵時刻，馬皇后救了我一命。

張太醫💬常言道「伴君如伴虎。」在皇上身邊做事，稍有差錯就會腦袋不保。馬皇后病重的時候，我奉命去給她看病。我自己也不知道她服藥後會不會好轉，當時我真的為自己的性命捏了一把汗。我把熬好的藥送到馬皇后面前時，她竟然不吃藥，即便是皇上懇求她也不吃。我很奇怪，難道她不要命了？後來她對皇上說：「我知道自己的病很嚴重，我已經不行了。如果我吃藥沒有效果，那些給我治病的太醫就會被殺頭；如果我不吃藥，就不是他們的錯。」當時我感動得眼淚都流下來了。多好的皇后呀，病重之時，還不忘給我們這些太醫求情。

（特約記者　曾泰）

朱元璋是不是個好皇帝

正方：朱元璋是個好皇帝

馬皇后 💬 作為朱元璋的妻子，我陪伴他風風雨雨三十多年，應該是最了解他的。元璋沒有任何社會背景，他能從起義軍中的普通士兵成為大明的君主，完全是憑藉自己的能力和堅強的毅力得來的。即使做了大明的皇帝，他也絲毫沒有嫌棄過我，封我當皇后，而且很多重要的事情都會和我商量，也很尊重我的看法，幾十年如一日。像這樣的好丈夫，有多少呢？

太子朱標 💬 雖然有人說父親是個殘暴的君主，但是我依然認為他是個好父親。父親十分重視我們兄弟幾個的學習，他請了最有學問的宋濂老師來教我知識，希望我以「仁」治天下。父親擔心那些老臣將來居功自傲，做出危害國家安定統一的事情，所以他殺了很多人，將這些禍患扼殺在萌芽中，也因此背上了暴君的惡名。他看問題很長遠，也很透徹，一般人不能理解他。但是我明白，他這樣做是不得已的，為了大明的穩固，他甘願被後人罵。像這樣深謀遠慮的皇帝，能有幾個呢？

農民老張 💬 有不少人說皇上殘暴，動不動就殺人，但是我要說，殺得好，因為這些官員總是拿我們老百姓當軟柿子捏，我們都敢怒不敢言。幸虧皇上是貧民出身，最恨這些當官的欺負老百姓，所以他殺的都是貪贓枉法的官員。對於老百姓，他是十分寬厚仁慈的。感謝這位好皇帝。

常遇春💬人們都說我用兵如神，但是我更佩服的是元璋。我很早以前就跟隨元璋打天下，我們常在一起商量用兵對策。雖然每次支持元璋的人不多，但是真理往往站在他的一邊。他真正做到了「運籌帷幄之中，決勝於千里之外」。我能打勝仗，全是他神機妙算的結果。他的一生給後人留下了很好的榜樣：不要抱怨出身不好，只要你肯努力，心有多大，舞台就有多大。

反方：朱元璋不是個好皇帝

宋濂💬人們常說，伴君如伴虎。像我這樣一個老實巴交、只會做學問的人，本想認認真真教太子讀書，然後回老家安享晚年。哪裏會知道，剛回家沒多久，就被皇上抓了回來，因為他懷疑我和胡惟庸勾結，要對我這個七十多歲的老人「大刑伺候」。要不是馬皇后求情，我早就死在牢獄之中了。這個皇帝太不講情面，有一點捕風捉影的消息，就不分青紅皂白地抓人。

徐達💬我從很早的時候，就跟隨朱元璋起兵，可以說，我們是同生死、共患難的兄弟。可是他這個人心胸狹隘，喜歡猜疑，似乎這世上沒有一個人值得他完全信賴。我為他出生入死，立下了多少汗馬功勞，可是他竟然不信任我。為了徹底鏟除胡惟庸，他全不顧及當年的情誼，把我當成他手中的棋子，要不是我小心謹慎，生活檢點，讓他抓不住什麼把柄，真不知會有什麼下場。這樣的皇帝，誰還願意為他賣命呢？

（記者楊靖根據辯論會現場資料整理）

1. 朱元璋參加起義軍之前，曾經從事什麼職業？

   A. 道士　　　　　　B. 和尚　　　　　　C. 太監

2. 朱元璋名字中的「璋」字是指什麼？

   A. 尖銳的玉器　　　B. 稀有的樂器　　　C. 貴重的飾物

3. 下面不屬於洪武四大奇案的是：

   A. 空印案　　　　　B. 青玉案　　　　　C. 胡惟庸案

答案：1.B 2.A 3.B

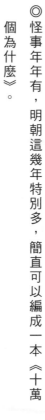

永樂盛世

◎怪事年年有，明朝這幾年特別多，簡直可以編成一本《十萬個為什麼》。

◎朱元璋為什麼不把皇位傳給兒子，卻要傳給孫子？

◎朱棣作為叔叔，為什麼要欺負自己的侄兒朱允炆？

◎好好兒的首都南京不要，明朝為什麼要遷都去北京？

◎別人犯罪殺頭都是誅九族，為什麼方孝孺是誅十族？

◎明成祖朱棣為什麼要選派一個太監去下西洋，還去了七次？

……

◎一切答案，盡在第二期。

智取元朝餘部

即使時間過去了那麼久，我還是清晰地記得那天的情景。

元朝被朱元璋打得落花流水，剩下的殘兵敗將也被他一口氣趕到北邊的大漠裏吃沙子去了。朱元璋這個以前窮得要飯的和尚，現在居然做了皇帝，從一無所有到現在坐擁天下，估計他做夢都會笑出聲來。

但每次一看到地圖，想到北邊還被元朝那群人佔着，老朱這心裏就像有個貓爪子在撓一樣，別提有多不舒服了。不把這些勢力消滅掉，這做夢也不踏實啊！於是朱元璋一咬牙一跺腳，把兒子朱棣叫過來，讓他帶兵去把元朝將領乃爾不花好好兒收拾一下。

打仗這件事，要是換了別人，肯定心裏不高興，可朱棣不一樣。原因有兩個：第一是他自己很喜歡打仗，第二是他正愁沒機會在皇帝老爹面前表現一下呢。這任務要是完成得好，獎賞自然是少不了的，於是朱棣高高興興地接受了任務。

朱棣是個聰明人，打仗之前先派人去把敵人的位置摸清楚，然後才帶着人馬直奔過去，準備來個「一鍋端」。可惜天公不作美，一大隊人馬走到半路，忽然下起鵝毛大雪來。積雪很快就淹沒了馬蹄，士兵們一個個凍得跟寒號鳥一樣，別提打仗了，就連走路都成了問題。

我們都對朱棣說：「老大，我們先找個地方休息一下，烤烤火，吃點兒東西，然後再前進吧！」

朱棣不同意，命令部隊繼續前進。朱棣的腦袋是不是被凍壞了呀？這麼冷的天可怎麼走啊？雖然我們心裏一百個不情願，但也只能聽從命令，誰讓他是老大呢？

就這樣，在大雪中我們艱難跋涉了好幾天，最後終於找到了乃爾不

花的大本營。他們正在溫暖地烤着火，吃着羊肉呢！大家一看，氣憤得不得了，恨不得馬上衝過去大開殺戒。

誰知，朱棣這時候卻傳來命令：「兄弟們，大家走了這麼遠的路，一定累壞了，先找個地方好好兒吃飯睡覺吧。打仗的事情先不要着急！」這到底是怎麼回事啊？我們可不是來旅遊的，關鍵時候為什麼不讓我們殺敵呢？

朱棣派了一個叫觀童的人作為我方代表去跟敵人談判。觀童這個人我認識，他那張嘴巴實在是太厲害了，死的都能說成活的。觀童一來到敵營，就勸說他們投降。

乃爾不花是個聰明人，看着外面明晃晃的刀子，知道如果不投降，等待他的一定是陰曹地府一日遊的門票，所以馬上答應投降。於是，我們沒有花費一兵一卒，就把乃爾不花給收拾了。

更加讓人吃驚的一幕還在後頭。乃爾不花投降的那天，朱棣不僅沒有把他捆起來扔進監獄，還大擺一桌宴席，請他喝酒吃肉。這下可把乃爾不花給感動得一把眼淚一把鼻涕的。

我永遠記得乃爾不花投降那天，朱棣臉上那意味深長的笑容。他是一個有野心的人，一定不會甘心只做個藩王。

（摘自《老兵回憶錄》）

独家
報道　**朱元璋與孫子的一次對話**

我從十幾歲就跟在朱元璋身邊，見過不少的事情，其中一件我印象非常深刻。

朱元璋做了皇帝之後，讓大兒子朱標當了太子。不過朱標運氣不怎麼好，還沒有等到做皇帝，就見閻王去了。朱元璋白髮人送黑髮人，自然是悲痛萬分。

現在太子的位置空出來了，接下來要傳給誰，這成了一個大問題。因為朱元璋有 26 個兒子，都在眼巴巴地看着呢。朱元璋這時做了一件非常有創意的事情——跳過那麼多的兒子，直接把太子的位置傳給了朱標的兒子——也就是自己的孫子朱允炆（音同文）。

這下可把朱允炆的那群叔叔氣壞了。一群大老爺們兒，居然輸給了一個毛頭小子，很多人都覺得不服氣。

朱元璋真是個出了名的好爺爺，他擔心自己死後，年紀輕輕的孫子治理不好國家，於是自己出馬做了三件事：

第一件事：給朱允炆安排了好幾個得力助手，比如說全國知名人士：黃子澄、齊泰、方孝孺和李景隆。

這個問題太難了……

外面人造反，有叔叔們守着；要是叔叔們造反，我怎麼辦？

第二件事：把當年和自己一起打江山的老將、謀臣通通殺掉，免得這些厲害人物將來不聽話，把朱允炆踢下皇帝的位置。

第三件事：把不服氣的兒子們都趕去守邊疆，沒有皇帝的命令都不許回來。

做完這三件事，他滿意極了，忍不住對朱允炆炫耀起來：「寶貝孫子啊，你看爺爺為你做了這麼多的事，有本事造反的將領、謀臣都死掉了，邊疆也有叔叔們給你守着。你呀，就在家安安心心地做皇帝吧！」

但是朱允炆看上去沒有他爺爺那麼開心，而是長歎一口氣，問道：「外面的人造反，有叔叔們給我守着。那要是叔叔們造反，我可怎麼辦呢？」

朱元璋沒想到孫子會這麼問，一時呆住了，想了半天也想不出答案，只好問道：「這個，你覺得應該怎麼辦呢？」

這下輪到朱允炆翻白眼兒了，心想：我這不是不知道怎麼辦才問您的嗎，您怎麼又拿這個問題問我呀？敢情您這是在踢皮球呢！

不過既然爺爺已經問了，不回答也不好。朱允炆想了一會兒，拿出寫文章的架勢來了：「這個問題嘛，我先用道德來征服他們，然後制定一些規矩來約束他們，接着就減少他們的封地。如果還是不行，就只有打仗了。」

朱元璋聽完後，非常高興地表揚了朱允炆，說：「你說得有道理。按照你說的去做，應該不會出問題。」

可惜朱元璋沒有看到後來燕王朱棣打進皇城，逼得朱允炆（即建文帝）自殺的那一天，不然他一定不會覺得朱允炆的這一番話有道理了。

（採訪自朱允炆身邊的貼身太監）

編者按💬朱棣（音同弟），朱元璋之子，朱允炆之叔。原駐守北京，被封為「燕王」，後來發動靖難之役，取代朱允炆坐上了皇位。以下內容來自朱棣的自述。

老爸（朱元璋）費了九牛二虎之力創立了明朝，作為他的兒子，我被封為藩王，鎮守北平，指揮過數萬大軍。我們藩王都有些權力，個個也都挺有能力，地方事務我們兄弟都處理得游刃有餘。

到了侄子朱允炆繼位，他就把我們這些叔叔當成眼中釘了。可是，我們雖然能管事，但不能任命官員，沒有地盤，軍隊也很少。他又何必跟我們過不去呢！我們藩王平時會有些小動作，朱允炆對此毫不留情，有五個藩王被廢為平民，周王全家被發配到雲南邊境，湘王最慘，他全家在王宮裏自焚了！我很害怕，把兩個兒子都派到南京當人質，自己天天裝瘋賣傻，不僅王府裏的人知道，城裏也有不少百姓知道我瘋了，就是這樣，朱允炆還不打算放過我，派北平城的官員來捉拿我。

我的好侄子，真以為你叔叔我這麼好欺負啊！老虎不發威，你當我是病貓嗎？

我起兵的時候只有八百護衛，但是我也算有點威信，周圍的軍隊不是投降就是被我擊敗。嘿，朱允炆是一個乳臭未乾的小屁孩，哪裏是我的對手啊！他任用的是黃子澄、方孝孺、李景隆等無能之輩，雖然他掌握全天下，而我只佔據地圖的一個角落，但他還是拿我沒辦法。戰爭打了四年，我們一直在山東和河北之間僵持，我發現對方在淮河一帶防線的漏洞，繞過山東濟南等城池，直抵淮北，造反，不拚命不冒險怎麼能贏呢？

我打到長江邊，就沒人再肯為朱允炆賣命了，李景隆打開城門，我正準備活捉朱允炆，沒想到他在宮殿裏自焚了。等我帶着人趕過去把火撲滅，好好的一座皇宮已經燒得只剩下幾塊黑木頭了。我不放心，派人在火裏面扒拉了老半天，只找到幾具焦黑的屍體，不知道是不是朱允炆的。這小子如果是藉着這個機會跑了，那我可要小心了。

不過這些暫且不管，現在皇帝的位置是我的了。以後大家就不要叫我燕王朱棣了，要叫我大明皇帝！

讀者來信　歷史不是任人打扮的小姑娘

親愛的《中國歷史報》編輯：

朱棣把自己的侄兒逼得自殺了，然後自己坐上了皇帝的位置，這可是最近發生的重大新聞啊！不管是王公貴族，還是街頭不識字的老大爺、老大媽，每一個人都在議論這件事。

不過大家一定不知道另外一件事：朱棣在登基之後，第一件事不是忙着給老百姓做好事，而是把我們這些寫書的人找來，說以前的《太祖實錄》寫得不好，要重新寫一遍。

他說先皇朱元璋生前最喜歡的人是他自己，而太子朱標和朱允炆都是大草包，什麼事都做不好，經常惹得朱元璋生氣；朱元璋臨死之前想把皇位傳給朱棣，但是由於朱允炆偷偷改了皇帝的詔書，所以才當上了皇帝。現在朱棣不過是奪回了屬於自己的皇位。

還有，他吩咐我們寫他的親生母親是馬皇后，這不是睜着眼睛說瞎話嗎？大家都知道他媽其實是一個不知名的妃子。朱棣現在為了做皇帝，連親媽都不要了。

這些都是朱棣編出來的謊話，根本不是事實，而我們這些記載歷史的人，是絕對不可以寫這些假話的。如果寫在書上，那千百年之後，別人就會把這些當成真的，到時候我們的建文帝朱允炆不就成千古罪人了嗎？我們怎麼可以做這樣的事情呢？

看着我們都不說話，朱棣就對我們說：「反正我爹已經死了，沒有人會管你們說的是不是真的。你們要是不寫，就別怪我不客氣了！」

歷史本來就是事實。就算他把書本上記載的東西瞎改一通，也改變不了已經發生的一切。真正的歷史，本來就不是書本，而是人心。

我希望貴報能夠記載真正的歷史，而不是那些虛假的東西。

大明史官 XXX

時事縱橫　方孝孺被誅十族

朱棣為了做皇帝，把自己的侄兒朱允炆逼得放火自殺了。這下可捅了馬蜂窩，天下人議論紛紛，其中最傷心的人就是方孝孺。他是建文帝朱允炆最信任的大臣，聽到這個消息，整天在家裏號啕大哭。周圍的鄰居聽了受不了，都紛紛鬧着要搬家了。

今天，新皇帝朱棣說要召見他。他倒好，見了新皇帝也是哭得一把眼淚一把鼻涕的，還大喊「建文帝，我好想你」。這不是存心要朱棣難堪嗎？朱棣氣得臉都綠了，真想當場就砍下方孝孺的頭當球踢。

但是一想起謀士姚廣孝曾經對他說過：「一定不能殺方孝孺。這個人

要是死了，那天下讀書的種子就絕了。」朱棣只好忍了又忍，叫人把方孝孺拖進牢房關了起來。

沒過多久，朱棣想找個有名氣的人來寫登基詔書，這樣他的繼位就更加名正言順了。大家都推薦方孝孺，說他學問高，名氣大，是寫詔書最合適的人選。

朱棣沒有辦法，只好從牢裏請出方孝孺，說只要他寫了詔書，就將他無罪釋放。方孝孺是個脾氣倔強的人，一點兒都不給皇帝面子。他拿起筆摔在地上，說：「死就死，這詔書我是不會寫的！」

朱棣發火了，威脅道：「你要是不寫，我就滅你的九族！」

方孝孺「哼」了一聲，說：「別說是九族，就是十族我也不怕！」

朱棣可不是好惹的，他真的下令把方孝孺的親朋好友，甚至他的學生和鄰居，全都抓起來，當着方孝孺的面殺掉了。

（通訊員　涂丁）

解縉自述　內閣的由來

編者按💬解縉，明朝著名學者，頗受明成祖朱棣重用，參與機務，成為內閣首輔大臣，並且主持編纂了《永樂大典》。以下內容來自解縉的自述。

老皇帝（朱元璋）辦事情有點兒較真兒，為了處罰貪污受賄的丞相胡惟庸，連帶着殺了很多人。他一生氣，甚至連丞相這個職位也廢除了。大家都知道，丞相是皇帝的左膀右臂，沒有了這位得力助手的協助，皇

帝處理政事就變得麻煩多了。

　　當然，老皇帝是不怕麻煩的，他二話不說，甩開膀子全都自己來幹。有一次，老皇帝在 8 天之內收到了 1666 件公文，裏面提到了 3391 件事情。這可把老皇帝嚇了一大跳 —— 我就是 24 小時不吃不睡，也幹不完這麼多的活啊！更何況當皇帝一沒有工資拿，二不會有加班費，拚上了老命可就划不來了。

　　看着那些堆得跟小山似的奏摺，老皇帝想了個辦法。他給自己找了幾個才華橫溢的人，封他們做大學士，用來協助處理各種事務（主要是跑跑腿啦，查查字典啦，收集一下信息啦，工作性質和現在的秘書差不多）。

　　到了咱們新皇帝（朱棣）這兒，他覺得自己的時間、精力比不上老爹，親自去辦的事情更少，不如乾脆成立內閣（也就是皇帝的私人辦公室）來處理政務。

　　於是皇帝找到了我，親切地握着我的手說：「小解啊，你這麼有才華，來我的內閣做事吧。」

　　皇帝讓我當內閣大臣，這可是天大的喜事。雖然我大明廢除了丞相制，但是丞相的活兒總得有人幹。現在皇帝設立了內閣，內閣大臣幹的就是丞相的活兒，這豈不是個美差？

　　皇帝看出了我心裏的小九九，很嚴肅地對我說：「你要恪守自己的本分，入了內閣也不過是個五品，只能算是一個辦事員。雖然你手中有權力，但是你得記住，這個權力是我給你的，我才是這個王朝的老大，知道嗎？」

　　我一聽這話，算是明白了 —— 原來朱家的皇帝一個比一個精明啊！他們用內閣代替了丞相，實現了君主權力的集中。這下朝廷的活兒有人幹了，內閣大臣想要一手專權或者造反，那是萬萬不可能的。

是和尚，也是殺人犯——沉痛哀悼姚廣孝

人物檔案

姓名	姚廣孝
別名	天僖、道衍、斯道
職業	僧人、謀士、詩人、「黑衣宰相」
生卒年	1335 年—1418 年

今天上午，我朝最偉大的僧人、皇帝的得力助手、太子的老師——姚廣孝，在慶壽寺圓寂（去世）了。皇帝朱棣聽到消息後，難過得兩天沒有上朝。姚廣孝的葬禮舉行時，朝廷的官員都前去弔唁。

姚廣孝一方面是吃齋唸佛的和尚，最不喜歡殺生；另一方面，他也被人稱為「劊子手」，殺了不少人（雖然都不是他親手殺的）。如果沒有他，朱棣就算再怎麼想做皇帝，估計也只能在夢中過過癮了。

姚廣孝曾鼓勵朱棣起兵發動「靖難之役」，並巧施計謀幫他奪取了皇位。但是，姚廣孝寫的詩歌卻又非常淡泊、幽靜。天下人對姚廣孝褒貶不一，有的讚揚他，有的厭惡他。那他到底是一個什麼樣的人呢？一起來看本報的調查：

袁珙（音同拱，相士）💬我是一個看相的。我認為長相能反映一個人的品性。記得第一次看到姚廣孝的時候，是在嵩山，他那雙眼睛給我留下了深刻的印象。一般人的眼睛都是圓的，但他的眼睛是三角形的，還露着兇光，像是一隻生病的老虎。這樣的人如果有了權力，一定會殺人如麻，發起威來誰也收拾不了他。

這些年來我一直在關注他。聽說他後來跟在燕王朱棣身邊，朱棣起兵造反的時候，他出了不少主意。朱棣能做皇帝，有一半的功勞是他的。不過反過來說，朱棣殺了那麼多人，姚廣孝也要負一半的責任。

看到沒有，各位，我看人還是很準的吧！

王賓（姚廣孝的朋友）💬 我和姚廣孝是一起長大的，我們在穿開襠褲的時候就一起玩耍了。這家夥小時候還是我最好的朋友呢，誰要是欺負了他，我一定會第一個衝過去保護他。可是沒有想到長大之後，他竟變成了我最討厭的人。

如果不是因為他，建文帝怎麼會被逼得自殺？朱棣怎麼會奪得皇帝的位置？我最尊重的方孝孺又怎麼會被誅十族？這一切，都是拜他所賜。不僅我討厭他，他的親姐姐也不喜歡他。永樂二年他發達了，騎着高頭大馬，帶着一大堆的禮物回家鄉，卻被他姐姐罵了個狗血噴頭，禮物也被丟了出來。

我看他就是活該！

皇太孫朱瞻基 💬 姚廣孝是我爺爺明成祖朱棣的好朋友，也是我的老師。他懂得可多了，不管我問什麼問題，他都可以馬上說出答案來。他不僅教我怎麼讀書，還教我怎麼做皇帝，是一個非常了不起的人。如果我做了皇帝，他還能陪在我身邊，那該多好！

對了，姚老師史學涵養很高，他參與編寫了《永樂大典》和《明太祖實錄》。不過你可不要以為他只會寫歷史，其實他對很多事情都有自己的看法。比如，他曾經寫過一本叫《道餘錄》的書，專門和程朱理學作對。我覺得寫得很好！

（調查員　呂震）

明朝的宗室政策

　　朱元璋對大臣們不講感情，對兒子們卻好得不得了。他不僅把兒子們封到各地掌握大權，而且還給他們很多「工資」，王爺們生的後代，也都有「工資」拿。朱棣是從藩王變成皇帝，他上台後也像朱允炆一樣削弱藩王權力。但他造反時得到過藩王們的支持，也有點不好意思，於是就給藩王們增加一些福利待遇。

　　到後來，王爺們不得隨意離開王府，外出都要向皇帝請示。普通的宗室，也不得像百姓一樣從事士農工商等行業，只能領皇帝發的俸祿，坐吃山空。宗室們橫行不法，欺壓百姓，皇帝們也睜一隻眼閉一隻眼。這樣，就沒人敢說皇帝對親戚不講情面，而皇帝的寶座，也不會被王爺們搶走了。

　　但是，朱元璋和朱棣卻沒有想到，宗室們數量越來越多，佔據兼併百姓的田地越來越多，國家要發給宗室們的俸祿也越來越多。嘉靖皇帝時，每年江南向京師運四百萬石米，宗室們卻要八百多萬石！於是出現了王爺們富得流油，爵位低的宗室們貧困潦倒，而朝廷和百姓卻又不堪重負的荒唐局面。

誠聘各類工匠前往北平修建新首都

　　皇帝陛下（朱棣）準備把都城從南京搬到北平（今北京）去。搬家是一個大工程，首先要修建宮殿。宮殿既要住下皇宮裏那麼多的人，又要展現出大明朝的宏偉氣勢，不能讓外國使者小瞧了咱們。

　　修建宮殿需要動用大量的人力，所以現在特向社會招募各種能工巧匠，一起完成修建新首都的偉大任務。

　　伐木工人、採石工人若干

　　學歷：不限

　　年齡：18 歲以上，60 歲以下均可

　　性別：限男性

　　要求：力氣大，有伐木經驗，能與人合作搬運樹木和石頭。

　　木匠、石匠、雕刻師、油漆工、磚瓦師若干

　　學歷：不限

　　年齡：18 歲以上，60 歲以下均可

　　性別：不限

　　要求：有三年以上工作經驗，有一技之長，有吃苦耐勞、團隊協作的精神。

　　後勤服務人員若干

　　學歷：不限

　　年齡：18 歲以上，60 歲以下均可

　　性別：不限（女性優先）

　　要求：會做飯，會洗衣服，會織布、裁縫和刺繡，能保證施工人員的基本生活需求。

　　如有意向，請前往「皇家招工處」報名考試。一旦錄用，待遇從優！

大明朝工部

一場雨中的辯論

今天，京城舉行了一場特別的辯論賽。之所以特別，是因為這場辯論賽是在大雨中舉行的。而且，參加辯論賽的各位選手，不是舒舒服服地坐着，而是跪在地上。

這到底是怎麼一回事呢？原因還要從永樂十九年（1421 年）的那次遷都開始說起。

我朝的都城本來是在南京，朱棣在那裏做了幾年皇帝後，就一門心思想把都城搬到北京去。因為到了北京，就可以牢牢控制住北方地區。蒙古人要是來搶東西或打仗，我們就可以迅速派兵將他們趕跑。而且，北京是朱棣以前的大本營，也算是半個老家。另外，再偷偷告訴你們一個秘密：朱棣非常迷信，聽風水先生說，選擇南京做都城的王朝比較短命，而選擇北京呢，活得比較長久。

再爭吵下去咱們都要凍死啦！

哼，讓你們反對我遷都！

朱棣又是派人修河道運糧食，又是往北京遷移人口，還頂着很多人的反對，在那裏建造了紫禁城。準備了十幾年，終於實現了願望，把都城給搬到北京來了！

不料，就在昨天晚上，北京雷聲滾滾，突降大雨。驚天動地的巨雷把紫禁城的奉天殿給劈去了一個角。這可不得了，無緣無故被雷劈，肯定是老天爺生氣了！

朱棣心裏也直犯嘀咕，下令讓大家都來說說自己的看法。於是那些不會看臉色的言官們，七嘴八舌地說這都是大搬家引起的。還說花那麼多的人力、物力和財力，來修建一個新首都，是一件非常錯誤的事情。如果不遷都，就不會出現這樣的事情。

朱棣一聽這些話，氣就不打一處來，心想你們這些傢夥，那麼多理由不說，偏偏找這個，這不是存心惹我生氣嗎！

生氣歸生氣，但是朱棣可不能一刀就把他們給殺了。按照祖宗規定，言官們的工作就是給皇帝提意見的。殺了他們，就算是已經死了的祖先們管不着，天下人的唾沫星子估計也會把朱棣淹死的。

被氣得半死又不好發作的朱棣，只好下令讓言官們都跪到午門外，分成兩隊，辯論一下遷都這件事到底好不好。三月份的北京春寒料峭，天上還下着雨夾雪，可憐的言官們就這麼跪在雨中，面紅耳赤地爭了一整天，還是沒得出什麼結論，只好第二天再繼續。皇帝穿着大棉襖，舒舒服服地站在城樓上看着。

從這次之後，大家都明白了皇帝的心思，再也沒人敢反對皇帝遷都了。

（實習記者　李慶）

皇帝陛下：

您好。我是對您忠心耿耿的鄭和。聽說您最近準備派人下西洋去，聽到這個消息，我決定寫這封信給您。請您讓我帶領船隊去下西洋吧！您想啊，雖然下西洋會花點錢，但好處有很多。讓我細細列出來給您看：

第一，您做皇帝雖然有很多年了，但是我國周圍的其他國家不一定知道啊，說不定他們還以為大明朝的皇帝是您的侄兒朱允炆呢。您看您多沒面子啊！如果我下西洋，去到這些國家，一定給您好好兒宣傳一下，保證到時候讓他們都拜倒在您的腳下，您要多威風有多威風。

第二，我聽說很多的西洋國家都非常喜歡我們的絲綢和瓷器，這些東西一到他們那裏，就會被一搶而空。我這次下西洋，沿途多送一些給他們，到時候他們就會帶着白花花的銀子來買。

再說，我們國家的人非常喜歡他們出產的香料，但價格太昂貴，只有富裕的人家才買得起。那些賣香料的外國商人一個個鼻孔朝天，牛皮哄哄的，但是這些東西在他們國家卻是不值錢的。我這次去多帶一些回來送給您，不是可以省很多錢嗎？

第三，最後一個理由嘛，我可以幫您尋找朱允炆。大家都知道，建文帝自焚之後，我們只在火堆裏找到幾具燒焦了的屍體，至於是不是他的，還沒有人敢確定呢！民間也有很多人都說他還沒有死，而是坐船出海做了和尚。您說他要是真的活着，萬一造反那可就麻煩了。如果讓我下西洋，我可以暗中幫您尋找建文帝呀，萬一要是真的找到了，給您帶回來，您不就可以大鬆一口氣了嗎！

如果您批准，我一定好好幹！

鄭和

× 年 × 月 × 日

不能下西洋的若干條理由

繼鄭和給皇帝寫了一封要求下西洋的信之後，朝廷像炸開的油鍋一樣，大臣們議論紛紛。本報還收到了大臣們的集體簽名信一封，信裏鄭重提出了若干條不能下西洋的理由——

皇上：

您千萬不能讓鄭和下西洋啊！這下西洋勞民傷財，萬萬做不得。我們反對也是有理由的。

理由一：這三寶太監可不是我們自己人。他原名叫馬和，是回族人，據說他的祖先來自遙遠的阿拉伯。您看他眼珠的顏色，和我們的眼珠不一樣，不是黑色的。他這等於是個外國人呀。就這麼個外國人，還是個太監，誰知道他安的什麼心？我們下一次西洋，有那麼多的人，那麼多船，帶着那麼多的金銀財寶，要是萬一他帶着這些東西跑了，我們不就虧大了？

理由二：皇上，下西洋要帶那麼多的東西，金銀珠寶、綾羅綢緞……簡直搬空了我們半個國庫。這些東西大部分要當成禮物免費送給別的國王，一分錢也收不到。但這些東西不是天上掉下來的，都是我們的老百姓辛辛苦苦積累起來的啊！那三寶太監倒好，拿着這些東西，像天女散花似的到處送人。我們想想就心痛！

理由三：找建文帝這個理由是最荒唐的了。建文帝都死了那麼多年，當年那場大火將螞蟻都給燒沒了，人還能活着嗎？就算建文帝真的還在世，要想造反他早就有行動了，怎麼可能這麼多年一點動靜都沒有？再說現在我們國富兵強，他也打不過啊！老百姓有吃有穿，誰還想造反把自己的性命丟掉呢？三寶太監這個理由根本是在瞎說。

皇上，下西洋這件事情可是萬萬做不得的呀！

（眾大臣的集體簽名）

外國對大明的「愛」與「恨」

這幾年明朝的外交取得了非常好的成效，很多國家都爭着和明朝建立友好關係。當然，這其中最主要的原因就是明朝有錢。

自從鄭和下西洋之後，各個國家都爭着派使團來朝貢，有些國家還是國王親自帶隊來的。這些人一來，可把明朝官員給累壞了。一個使團幾百個人，像旅遊團似的，一玩兒就是幾個月。大明官員要照顧他們吃好、喝好、玩好。

最有意思的是有三個國王在朝貢期間生了重病，眼看就要死了，居然立下遺囑：「等我死了，就把我埋在明朝的大地上吧。我不願意回去了！」可見明朝的吸引力真大。

有這種「死了都要愛」的，自然也有調皮搗蛋的，日本就是其中的一個。按照規定，外國使團可以隨身攜帶一些兵器。畢竟路途遙遠，指不定在哪條路上遇到打劫的，沒兵器防身怎麼行呢？所以明朝非常貼心地制定了這一條規定。

可是日本使團有點不守規矩，每次都是帶一大捆，大大超過了規定的數量。有時候人只來了幾個，兵器倒是帶來了好幾船。他們一上岸就到集市上擺個小攤子，吆喝着賣兵器賺錢。

對於這件事，大臣們都覺得影響不好，但朱棣卻笑着說：「這些人過來一趟也不容易，隨時都有掉進大海去餵魚的危險。他們要賺點小錢也是可以理解的，這事我看就算了。」

皇帝這麼仁慈，但日本人卻是恩將仇報。他們的很多海盜經常在我國的沿海地區打家劫舍，鬧得老百姓都沒法正常生活了，大家只好組織起來去抵抗這些倭寇。朱棣一聽說這件事，火暴脾氣上來了。他讓人帶

話給日本的將軍：「這事兒你管不管？你要是不管，那我就來替你管！」

日本的將軍知道大事不好，趕緊把作亂的倭寇抓來交給朱棣。朱棣一看這事兒解決了，很大度地讓將軍把人帶回去自己處理。日本將軍覺得這些人給自己丟了臉，帶着他們回去還要浪費糧食，就把他們殺掉了。

自從出了這件事，各個國家的使團都小心翼翼，再也不敢在大明的土地上輕舉妄動了。

（摘自《外交部官員訪談錄》）

檔案解密　東廠 —— 這個「廠」生產特務

東廠是皇帝朱棣的偉大「發明」。這個「廠」生產的東西很特殊，專門生產「特務」，而且還是由太監組成的特務。

本來明朝已經有了一個特務機構，叫錦衣衛。但是朱棣對錦衣衛不信任，他親自挑選了一些太監，在東安門設置了一個機構，讓他們替自己刺探情報。這就是臭名昭著的「東廠」。

一開始東廠只負責偵探情報和抓人，審判還是歸錦衣衛負責。對於抓人這樣的事，東廠非常積極，辦事效率很高。你要是前一天晚上罵了皇帝一句，第二天一大早開門，就會看到門口站着一排東廠的人，帶着枷鎖等着你呢。

慢慢地，東廠的權力越來越大：自己辦了個監獄，誰不聽話，直接捆成粽子扔到監獄裏去，任你喊破喉嚨也沒用。而且這些人無孔不入，朝廷的官員們都在他們的監視之下，就連人家晚上幾點鐘睡覺，東廠的人都知道。

雖然是同行，但是錦衣衛見了東廠的人也要禮讓三分。錦衣衛的老大——指揮使看到東廠的老大——司禮監掌印太監，還要跪下來磕頭。

東廠還充分發揮自己多管閒事的作風，連菜市場裏白菜和蘿蔔的價格也要管。並且這所有的一切，他們都直接報告給皇帝，沒有中間環節。也就是說，只要他們說什麼，皇帝就相信什麼。

因為權力這麼大，東廠的人都非常囂張，到處抓人。不管有罪沒罪，只要落到他們手裏，絕對沒有好下場。現在已經鬧得人心惶惶，真希望皇帝早一點取消東廠啊！

（選自《大明朝檔案解密》）

七嘴八舌 我與東廠不得不說的故事

東廠成立之後，很多人都在街頭巷尾議論這件事。其中有官員，也有普通的老百姓。很多人一提到東廠就一肚子的委屈。到底他們和東廠之間有什麼不得不說的故事呢？

趙小二（京城菜市場小販）💬依我說，東廠管的範圍未免也太寬了。比如說咱們這菜價，他們居然也要管。前幾天東廠的人找到我，說我的白菜比市場價格低了五分錢。我的白菜都是自己種的，家裏吃不完，所以才拿來賣幾個錢，這有什麼錯呀！可是他們硬說我是在賣假貨，幾個人圍上來把我的白菜扔得到處都是，還說要我交罰款，不然的話就抓我進監獄。我知道東廠的厲害，一旦進了他們的監獄，就會被打個半死，所以我只好借錢交了罰款。

劉大膽（酒店老闆） 💬今年真是倒霉透頂了。我的酒店不小心被火燒了，我覺得很難過，就出去喝了不少的酒。回家的時候，我因為喝醉了，所以說了很多胡話。其實我都不記得自己說過些什麼。

可是第二天早晨開門一看，門口站着一排東廠的人，帶着枷鎖等着我呢。他們說什麼我昨晚說了皇帝的壞話，要帶我去東廠走一趟。媽呀，去東廠不就是等於去見閻王嗎？我嚇得差點尿褲子了。

- -

李五斗（京城某官員） 💬今天上朝的時候，皇帝忽然對我說：「昨天晚上你和家人吃完飯後是不是在家打骨牌啊？」我一聽，嚇得直流冷汗。打牌的事情皇帝怎麼會知道？他不會因此說我什麼吧？

周圍有這麼多雙眼睛盯着，我只好硬着頭皮承認。皇帝接着說：「昨天打牌的時候是不是有一張牌滾落到地上不見了，所以就沒有繼續打了呀？」我的天，皇帝怎麼連這個也知道啊？難道我們家有東廠的人日夜在監視着我？

見我不說話，皇帝從袖子裏面拿出一張牌，扔給我說：「丟失的是不是這張啊？」我低頭一看，正是我們家昨晚丟的那一張牌，頓時腦袋一片空白，趕緊跪下磕頭。皇帝笑着說：「你今天沒有對我撒謊，所以朕不怪你！」

聚眾賭博是瞞不過我的！

我回家暗中觀察了好久，發現我們家的僕人有好幾個是東廠的特務。這東廠也真是無孔不入啊！

（摘自《百姓生活》）

熱烈祝賀《永樂大典》出版

書名	《永樂大典》（又名《文獻大成》）
出版社	明朝紫禁城出版集團
出版人	當今皇帝
編輯	解縉、姚廣孝、楊士奇等人，整個編纂工作共有兩千多人參與
歷時	五年（1403 年—1408 年）
內容	目錄 60 卷，正文 22877 卷，共 11095 冊。這是我朝第一套大百科全書，包括了歷史、地理、文學、藝術、宗教等很多方面。為了盡可能齊全地彙集各個方面的內容，這套大百科全書一共編選了七八千種書籍。
包裝	高一尺五寸六分，寬九寸三分。雖然有一萬多冊書，但是每一冊書都是選用最好、最厚的紙張，書的外面還用漂亮的書皮包着，製作非常精美。一打開書，還可以聞到有一股淡淡的香味。
書法和插畫	《永樂大典》共有三億七千萬字，每一個字都是用毛筆一筆一畫寫出來的。別以為這部書的字數多，抄寫的字都像沒人認識的「鬼畫符」，其實，它們都是用漂亮的楷體字抄寫而成，一頁一頁都讓人看着賞心悅目。 為了讓《永樂大典》讀起來更輕鬆、有趣，更好地闡述事情，這套書裏還畫了不少的插圖，都是當時著名畫匠們的作品，不管是人物、山川，還是器具、城市，都畫得栩栩如生。

（大明出版集團　供稿）

誰是大明最有魅力的人

親愛的讀者，一年一度的大調查又到了。在你心中，誰是大明最有魅力的人？

下面是對候選人的介紹——

A・紫禁城的總設計師 —— 蒯祥

明成祖朱棣要把都城搬到北京，很多百姓也就要跟着遷過去。這麼多人要搬家，首先得解決的就是住房問題。這時朱棣發話了：「只要房子修得好，不管出多少錢我都付得起！盡量修得漂亮一點兒，可不要弄得小氣，讓人見了笑話！」

為了修建北京的紫禁城，幾乎天下所有的能工巧匠都被召集起來了，然後一股腦兒被「發配」到北京當建築工人。

蒯祥就是其中最優秀的那個。他首先設計、建造了承天門（今天安門），氣勢宏偉的建築讓那些挑剔的文武百官看了都豎起大拇指。從此以後，蒯祥變成了紫禁城最大的包工頭，把其他的一些宮殿、府庫、衙門和城樓都給修了個遍。

由於名氣太大，蒯祥的業務範圍也擴大了。除了給活人建房子，死人住的房子——陵墓他也修。長陵、獻陵和裕陵，也都是蒯祥帶着他的施工隊修建的。

蒯祥雖然名氣很大，但是架子卻不大。他老了之後，辭了官住在鄉下。要是遇到有人去請教施工建築方面的問題，他總是非常願意告訴別人，一點都不隱瞞。這樣一個偉大的人，難道不是我朝最有魅力的人士嗎？

B · 大明傳奇女子 ── 徐皇后

徐皇后是大將徐達的女兒。當年朱元璋主動提出要和徐達做親家：「徐達，把女兒嫁給我兒子朱棣吧。」能和皇帝攀上親戚，那可是很光榮的事情，徐達樂呵呵地馬上就答應了。於是，當時這位年僅十五歲的小姑娘就成了朱棣的妻子。

雖然年紀小，但是溫柔的性格為她贏得不少的掌聲。婆婆馬皇后更是特別喜歡她，逢人就誇這個兒媳婦好。

洪武十三年（1380年），朱棣封了燕王，被皇帝老爸大手一揮，給發配到北平（即後來的都城北京）那個天寒地凍的地方去了。遠離家鄉，以後都不知道還能不能再回來看望親人。要是換了其他人，哭都哭死了，但是燕王妃什麼都沒說，跟着燕王就去了北平。

後來朱棣起兵造反，仗打到一半時發現士兵不夠用了（由於人死得太多），於是出門到親戚家借兵去了，家中只留下燕王妃和皇子朱高熾。

建文帝的大將李景隆一看，哎喲，這朱棣出門搬兵去了，正好抓住這個機會殺他個片甲不留。於是他帶着五十萬人把北京團團圍住，準備一舉把朱棣的老巢給端掉。可是李景隆也不想想，燕王妃的爹是常勝將軍徐達呢！燕王妃恰好遺傳了她老爹不怕死的基因。她親自披掛上陣，和留守在城裏的男女老少一起作戰，最後成功地保住了這座城市。

過了幾年，朱棣造反成功，帶着人馬喜氣洋洋地回到北京驗收自己的勝利成果，燕王妃也就變成了母儀天下的徐皇后。這位皇后打仗厲害，寫書也是一把好手。她接連寫了《內訓》和《勸善書》頒佈天下，教育天下的女子都要一心向善。她還經常在宮中舉辦茶宴，邀請大臣們的妻子來參加，和她們關係搞得很好，深得天下人的誇讚。

可惜，她只做了四年的皇后就病逝了。臨終前，徐皇后叮囑皇帝要愛惜百姓，不要嬌慣自己的娘家人。她還對太子朱高熾說：「當年『靖難之役』，不少將士的妻子都做出了很大的貢獻和犧牲。你以後有機會，一

定親自去看望她們，給她們發點錢什麼的。」

這麼一位偉大的皇后，才是我朝最有魅力的人！

C·大明第一才子 —— 解縉

要說明朝最有魅力的人，怎麼能漏掉這個從小就有「神童」之稱、「吳門畫派」代表人物、被人稱為「大明第一才子」的解縉呢！

解縉有名的可不僅僅是他的詩和畫，還有他傳奇的一生。謝縉剛做官的時候，由於才華橫溢，在官場上是順風順水。太祖朱元璋非常喜歡他，曾經偷偷對他說：「你我雖然名義上是君臣，但我一直把你當兒子看待。你要是想要什麼，儘管開口，我能做到的一定都給你！」

能讓皇帝主動提出要做自己的乾爹，這可不是件容易的事情。不過很快事實就證明，這完全是朱元璋隨口開出來的一張空頭支票，根本就不能兌現。沒過多久，解縉因為說了一些真話，偏偏這些真話說出來又不怎麼好聽，於是被朱元璋炒了魷魚。

過了幾年，朱元璋死了，解縉跑去投奔朱棣。很快，解縉就憑着自己的才能得到了朱棣的重用，被任命為《永樂大典》的主編。編寫《永樂大典》是一項非常光榮，但也是累死人的工作，不過才子就是才子，解縉把這項工作完成得非常出色。兩萬多卷的《永樂大典》凝聚着解縉一生的心血。

這樣的人，難道不是我朝最有魅力的人嗎？

（摘自《八卦晚報》）

1. 朱元璋死後將皇位傳給了誰？

   A. 朱棣　　　B. 朱允炆　　　C. 朱標

2. 太監鄭和下西洋，一共去了幾次？

   A. 五次　　　B. 六次　　　C. 七次

3. 明成祖朱棣登基後，將都城遷到了哪裏？

   A. 北京　　　B. 南京　　　C. 杭州

答案：1. B　2. C　3. A

人才輩出

◎ 一般人做皇帝都是高高興興的，但朱棣的兒子——肥胖症患者朱高熾的登基儀式卻是偷偷摸摸、慌慌張張舉行的。

◎ 朱高煦想造反，皇帝特地做了張價格表，買他的人頭。

◎ 明宣宗教太監讀書，是為了發展教育，還是另有目的？

◎ 皇帝不喜歡金子，不喜歡寶石，卻偏偏喜歡香爐，這是為哪般？

◎ 聽說太子不是他媽媽親生的，這究竟是怎麼回事啊？看完第三期，您就全明白了。

太子的驚險歲月

編者按💬楊士奇，明朝著名大臣，歷經五朝，當過禮部侍郎、華蓋殿大學士和兵部尚書。他與楊榮、楊溥並稱「三楊」，是當時皇帝非常倚重的官員。以下內容來自楊士奇的自述。

朱棣去世之後，他的兒子朱高熾（明仁宗）即位。說起這位皇帝，那可真是個倒霉孩子：做了二十幾年的太子，好不容易熬到做了皇帝，結果才過一年，皇帝的位置還沒有坐熱呢，就去黃泉找他爹去了。

就說他做太子那二十幾年吧，也是過得一點兒都不太平。

首先，朱高熾長得不怎麼好。他不僅肥胖，而且因為小時候得過小兒麻痺症，留下了後遺症（腿瘸了），走路都得讓人攙扶着。這已經很不幸了，但更加不幸的是：他有一個長得帥、打仗也非常厲害的弟弟——朱高煦（音同序）。

於是朱棣就對二兒子朱高煦似乎有更多關照。「靖難之役」發生的時候，大胖子朱高熾只能留在家裏，而朱高煦則帶着人馬到處打仗，好不威風。打了幾次大勝仗之後，朱棣很滿意地拍着朱高煦的肩膀說：「加油啊，小夥子！你哥哥身體太差，又經常生病……」

朱高煦聽了這話，高興得嘴都合不攏了。老爹說這樣的話，不就是在暗示，以後太子的位置會屬於他了嘛！

可是如果朱高煦多了解他父親一點，當時就應該問個清楚。這話說一半留一半，最終解釋權還是在老爹朱棣手裏呀。仗打完了之後，朱棣做了皇帝，可是他還是把太子的位置給了「重量級」人物朱高熾。這就等於朱高煦被自己的老爹活活地耍了一回。覺得自己被騙了的朱高煦很

不甘心：「你不給我，那我就自己來搶。」

於是，小時候經常和哥哥搶玩具的朱高煦，這時又下定決心要把哥哥的太子位置搶過來。機會來了，永樂七年（1409年），蒙古人騎着馬，帶着大口袋到明朝邊境來搶東西。打仗本來就是朱棣終生的愛好，這次看到蒙古人犯境，心裏又開始癢癢起來，於是親自帶着軍隊收拾蒙古人去了。臨走之前，他把國事交給太子朱高熾。

朱棣除了愛打仗、說話不算數之外，還有一個最大的愛好就是愛疑心。哪怕這個人是自己的兒子，他也不相信。朱高煦抓住這個機會，三天兩頭派人去給爹爹打小報告：「爹，您不在家這段時間，太子哥哥天天在家罵您呢，說盼您早點死掉，他好來做皇帝！」

朱棣氣得鬍子直抖，回到家後連水也顧不上喝，先把太子找來，劈頭蓋臉地罵了他一頓。那些為太子求情的官員，不是丟了性命，就是被丟進監獄。

雖然這次把太子整得夠嗆，但是事情離結束還遠着呢。一心想做太子的朱高煦下了不少工夫，不僅自己在皇帝老爹面前詆毀哥哥，還買通皇帝身邊的人，讓他們也跟着說哥哥壞話。日子久了，朱棣對太子越來越看不慣，於是一場矛盾爆發了。

永樂十二年（1414年），朱棣閒來無事，帶着人去北方旅遊兼巡視了一圈，然後回到南京。按照慣例，太子這時要派人去迎接，但是由於沒有準備好，耽誤了一些時間。這本來是一件小事，但皇帝大發脾氣，說太子沒把自己放在眼裏。就這麼着，太子再次被罵了個狗血噴頭，跟着遭殃的還有太子身邊的官員。

在這個關鍵時刻，要是沒有人出來勸一句，太子必死無疑。我楊士奇不能眼睜睜地看着這麼老實仁厚的太子被人陷害，於是就對皇帝說：「太子對您是很孝順、聽話的，這事全怪我們，是我們沒有準備好。您要罰就罰我們吧。」

聽了這話，皇帝才肯作罷。這次事件，皇帝朱棣被氣了個半死，而太子朱高熾則被整了個半死，只有一個人心裏美滋滋的，這個人就是朱高煦。

朱高煦看到哥哥身邊的人死的死，坐牢的坐牢，心裏那個美啊，覺得自己做太子的夢想就要實現了，便開始囂張起來。朱棣是何等聰明的人啊，他立馬把朱高煦發配到了青州。在這個關鍵時候離開京城，朱高煦自然是一百個不願意。

我們這些支持太子的官員們覺得這是一個機會。有一天，皇帝問我：「聽說漢王（朱高煦）做了不少違法的事情，你們知道這些事嗎？」

我一聽，馬上對皇帝說：「皇上，漢王有沒有做違法的事情我不清楚。但是您以前把漢王封到雲南，他耍賴說不去；現在您把他封到青州，他還是不願意去。眼看着您現在要把都城遷到北京去了，漢王一定要留在南京。他這麼做，居心何在啊？」

這話可把朱棣嚇住了。那小子這裏也不去那裏也不去，分明是想造反啊！於是拿着掃把就把朱高煦給趕出南京了。

到此為止，朱高熾的太子位置才算是坐穩當了。

（摘自《楊士奇回憶錄》）

天下趣聞 史上最奇怪的登基儀式

有史以來，每一個皇帝對於自己的登基儀式都非常看重。不管花費多少錢，登基儀式反正是越隆重越好，目的是讓全天下的人 —— 不管是住在山旮旯裏的老百姓，還是住在深院高閣裏的皇室貴族都知道，你們

現在都是我的人了。

不過，有一個皇帝的登基儀式，不僅跟做賊一樣偷偷摸摸，還和百米賽跑似的是搶時間完成的，簡直可以稱為有史以來最奇怪的登基儀式。這個可憐的皇帝就是明仁宗朱高熾。

朱高熾做了多年的太子，盼星星盼月亮，盼得白鬍子都長出來了，總算是盼來了做皇帝的這一天，真是不容易啊！當然朱高熾能一舉拿下「史上最奇怪的登基儀式」的第一名，不得不「感謝」兩個人，一個是他的父親朱棣，另一個是他的弟弟朱高煦。

永樂二十二年（1424 年），蒙古人又來鬧事。朱棣發表了好幾次聲明，強烈譴責蒙古人的行為，結果是不管用。朱棣這時候已經是一個有着大把年紀的老頭兒了，不過脾氣還是和年輕人一樣暴躁，於是就帶着人馬衝過去跟蒙古人火拚起來。朱棣年輕的時候打仗是把好手，不過現在畢竟年紀大了，蒙古人還沒打跑，自己卻先染上了場重病。

戰場上的醫療條件不好，朱棣為了更好地就醫，只好帶着人返回了京城。由於路途遙遠，加上路況也不好，朱棣在路上顛簸了幾天，沒等回到家就死掉了。

按理說，皇帝死了，要馬上昭告天下，讓天下人都真真假假地哭一場，再敲鑼打鼓地祝賀新皇帝登基。但是當時跟在朱棣身邊的人，卻做了一件完全相反的事情 —— 就是把朱棣的屍體秘密裝在棺材裏，藏在馬車上，每天照常派人送吃的進去，假裝皇帝還沒有死。

沒錯，每天給一個死人送吃的，魂兒都要被嚇掉了吧！

另外，得力大臣楊榮馬不停蹄地趕回京城，對太子說：「你爹死了，你立刻、馬上、抓緊時間登基！越快越好！」太子一聽，就慌了手腳，心想這算哪門子事兒啊，登基還像做賊似的。楊榮喘着粗氣說：「我的活祖宗哎，趕緊準備去吧！你爹死的事情還沒有說出去呢。這事兒要是被你那賊心不死的弟弟知道了，他帶着人馬趁機造反，到時候你哭都來不

及啊。你倒是快點去準備啊！」

於是太子朱高熾就在這慌慌張張的情況下宣佈登基，然後準備老爹的喪事。等朱高煦知道了這件事的來龍去脈以後，也只有乾瞪眼的份兒了！

（摘自《宮廷八卦報》）

時事快訊　新皇帝給大臣平反

新皇帝朱高熾一登基，皇位還沒有坐熱呢，他就大刀闊斧做了一件讓天下人都議論紛紛的大事。那就是更改他爹，也就是明成祖朱棣的一些命令。

朱棣奪了自己侄兒朱允炆的帝位之後，大開殺戒，不僅把建文帝身邊的大臣都殺了個精光，還把其他對自己不服氣的人一一送去見了閻王。這些人的家屬也都沒得到什麼好下場。朱棣這殺人的架勢，着實嚇到了不少的人。

到了他兒子這一代，事情忽然來了個一百八十度的大轉彎。朱高熾可不像自己的老爹那樣兇狠殘暴。他一登基就下達了一個命令：「把以前被我爹殺死的那些人的家屬都找來，給他們每個人發一筆錢。沒房子住的送房子，沒田地的送田地，好好安撫他們！」

特別是對於追隨建文帝的黃子澄、齊泰和方孝孺等人，朱高熾公開表示：「他們都是大大的忠臣，忠臣應該有好報。無論如何，要找到他們的後代，並好好兒對待他們！」

這一舉動，可把大臣們的魂兒都給嚇掉了。皇帝說這樣的話，不就

等於宣佈老爹做錯了嗎？老爹說他們是奸人，你反過來說他們是忠臣，你們父子倆是在唱對台戲吧？

對於這件事，支持的人有，反對的人也有。根據本報的統計，大概分為以下兩類意見。

反對者（佔 10%）：

朱高熾這小子吃豹子膽了吧？老爹剛死，就迫不及待地做這件事。這怎麼對得起他爹呀！就算要做，也要等過幾年再做嘛！而且當年朱棣宣佈這些人都是奸黨，現在反過來說人家是忠臣，這不等於給了朱棣一大嘴巴嗎？我覺得朱高熾這樣做實在是不妥。

支持者（佔 90%）：

朱高熾真是一個又仁慈又有勇氣的好皇帝。朱棣殺了那些人本來就是不對的，特別是把人家的家屬和親戚都罰為奴隸，真是太殘忍了！朱棣當年搶了建文帝朱允炆的皇位，他自己才是最大的壞人。當年的大臣們寧死不屈，難道不是對建文帝最大的忠誠嗎？現在好了，為這些人平了反，朱高熾是好樣的！

（時事評論員　白一行）

明仁宗駕崩

大明王朝皇帝朱高熾因病醫治無效，於昨晚（1425 年 5 月 29 日）在欽安殿駕崩，享年四十七歲。

朱高熾的一生是光榮的一生，是非常有貢獻的一生。他雖然只做了一年的皇帝，但是在做太子的時候，他就幫助明成祖朱棣處理過很多國內外大事。朱棣喜歡打仗，性情也比較暴躁，但是

朱高熾完全相反，性情非常仁厚，對人對事都很寬容。

他剛一登基就給很多人平反，鼓勵大臣們進諫，選了很多賢臣，廢除了很多苛刻的法律，還處處以「唐太宗」為榜樣，愛民如子，為老百姓做了很多實事、好事。

他如果多活幾年，我朝一定更加繁榮昌盛。鑒於他的成就，他的廟號為「仁宗」，葬於獻陵。

他駕崩之後，傳位給他的兒子（朱瞻基）。希望大家能像擁護先皇一樣擁護新皇帝，為把我朝建設成為世界上最富強的國家而努力奮鬥！

大明朝皇家治喪委員會

跟蹤報道 又來一個「叔叔」造反

好人不長命啊！明仁宗朱高熾只做了一年的皇帝，就去九泉之下找他爹去了，於是皇位就順理成章地傳給了他兒子 —— 朱瞻基。

關於這件事，有一個人非常不滿意，那就是老皇帝朱高熾的弟弟，新皇帝朱瞻基的叔叔 —— 朱高煦。朱高煦為了做皇帝費盡了心思，結果還是竹籃子打水 —— 一場空。現在眼看着自己的侄兒做了皇帝，再不動手可就沒有機會了。

還猶豫什麼，造反算了。

跟蹤報道一

昨夜，已經很晚了，宮外忽然響起一陣敲門的聲音，有人在門外大喊：「我有緊急事情要見皇上。」我們趕緊把門打開一看，只見大臣張輔捆着一個人，正急匆匆地往皇宮裏衝。我們都非常納悶兒：「這到底是怎麼回事？」

今天早上一打聽才知道，原來昨天晚上那個被捆着的人叫枚青，是朱高煦派來的。枚青本來是想說服張輔一起造反的，誰知道張輔二話不說，就把他捆起來送給皇帝了。

（通訊員　京城守衛）

跟蹤報道二

雖然朱高煦想造反，但是皇帝朱瞻基看在他是自己叔叔的分兒上，並不想和他計較，而是準備派一個官員去勸服他。皇帝選來選去，看到我的時候，說：「侯泰，你官做得不錯，也很會說話，知道該怎麼對我叔叔說。你幫我去勸勸他吧，還是盡量不要打仗為好。」

我領命去見朱高煦。還沒有開口，朱高煦就非常不客氣地對我說：「我知道你是我侄兒派來的，正好由你來評評理。以前我爹和建文帝打仗的時候，我可是衝在第一線，出生入死。而我那胖子哥哥呢，馬都不會騎，舒舒服服地待在家裏。你說說，我們倆誰的功勞大？」

我聽了這話直翻白眼兒：你拿這個問題問我，叫我怎麼回答呢？難道我敢說你的功勞比老皇帝還大嗎？再說做皇帝可不是光靠會打仗就可以的。

朱高煦看我不說話，就把我拉到一個地方，將很多的兵馬武器展示給我看，然後得意揚揚地說：「這些都是我準備用來造反的。你回去告訴我侄兒，讓他最好乖乖地把皇位給叔叔我讓出來，否則，就別怪我不客

氣了！」

這下可把我氣壞了。這朱高煦，還真是給一點顏色就敢開染坊啊！我回去一定和皇帝如實說，好好兒收拾一下這個家夥。

（本報特約評論員　官員侯泰）

跟蹤報道三

談判破裂後，皇帝今天親自帶領人馬，把這個想造反的叔叔圍了個水泄不通。朱高煦一下子變成了縮頭烏龜，躲在城池裏，任人喊破喉嚨，死活就是不出來。皇帝讓人把布條綁在箭上，射進城裏。布條其實是一張價目表，上面寫着，活捉朱高煦，賞金多少錢；殺死朱高煦，賞金又是多少錢。

城裏面的士兵們看到這張價目表，心裏都暗暗打着小算盤。這下朱高煦徹底傻眼了：說不定不等城外的人攻打進來，身邊的人就先把自己砍了頭去領賞了。

怎麼辦？這個時候只有投降才是唯一的出路啊！灰溜溜的朱高煦只好偷偷地跑出城外，求侄兒放過自己。這場仗還沒有開打，就以朱高煦的主動投降而收場了。

（特約評論員　武將李慶）

後續報道

皇帝對朱高煦很好，沒有殺死他，只是把他關了起來。然後，皇帝又去拜訪自己的另外一個叔叔朱高燧（音同遂），讓他交出兵權。朱高燧一看，自己面前擺着一個活生生的例子呢，於是乖乖地把自己的兵權交了出來。

我為什麼要教太監讀書

　　自古以來，太監都是文盲，就算有會認字的，那也是極少數。可是今天，我們的皇帝（明宣宗）卻做了一件令天下人都覺得不可思議的事情，那就是在皇宮裏面設置了一個「內書堂」，專門教太監讀書識字。

　　這個決定一出，可把全體官員給嚇壞了。太監天天跟在皇帝身邊，要是識了字，偷偷摸摸更改皇帝的命令，那可怎麼辦呢？關於這個問題，本報專門對皇帝做了一次採訪，看看他心裏到底是怎麼想的。

中國歷史報

　　皇上，您為什麼要做這樣的決定呢？

皇上

　　我每天都有很多事情要處理，可我又沒有三頭六臂，怎麼管得過來呢？如果太監們會讀書認字，就可以幫上我的忙了。

中國歷史報

　　可是我朝有那麼多的大臣，他們都飽讀詩書，讓他們幫您不是更好嗎？

皇上

　　這些大臣只知道挑我的毛病。這也不允許，那也不允許，真是煩死了！我登基之後想把宮殿修一下，他們說我浪費錢財；我喜歡鬥蟈蟈兒，他們說我玩物喪志……總之，我想做的事情大臣們一概不同意，所以我不喜歡他們。

那如果太監們趁着這個機會干預朝政，怎麼辦？

不會的。我從小就和他們一起長大，對他們非常了解。我把事情交給他們處理很放心，如果他們處理得不好，我會馬上讓他們改正。

那您就不怕大臣們反對嗎？

反正無論我做什麼事，他們都要反對，所以時間長了我也習慣了。他們反對他們的，我做我的。嘴巴長在他們身上，我管不着，也不想管。這件事我已經決定了，誰也別想再阻攔我！

人物專題 「三楊」的傳奇經歷

　　提起我朝的楊士奇、楊榮、楊溥，大家一定不會陌生，這三位先後擔任過內閣的首輔，並稱為「三楊」。

　　在朝廷上紅極一時的人很多，但是像「三楊」這樣縱橫官場數十年，最後功成名就，得以善終的人還真是難得。相信這三位老兄都是有兩把刷子的。下面我們就來逐個介紹一下。

楊士奇

這是一個苦命的孩子，從小就死了父親，只好跟着母親改嫁。但是他人窮志不短，一有機會就學習、看書。繼父想讓他改姓，他卻悄悄地祭奠死去的親生父親。這一幕讓繼父都感動了，於是允許他繼續姓楊。

楊士奇前半生的工作經歷非常豐富，職業方向卻很單一。本着「幹一行愛一行」的精神，他十五歲就出來打工，在私塾裏當老師。過了二十年，換了好多個地方，他還是當老師。直到三十六歲那年，他應徵編纂《太祖實錄》，一下子脫穎而出，由平民身份踏進官場。之後一路過關斬將，進入內閣。由此可見，年輕人一定要耐得住基層的考驗啊！

楊榮

和自學成才的楊士奇相比，楊榮的少年時代就幸福多了。他是坐在寬敞明亮的教室裏讀書的，後來考中了進士。之後一路順風順水，進了翰林院。

和同行的那些書呆子相比，楊榮有精準無比的判斷。有一次，明成祖朱棣收到一份邊關被圍的急報，一下慌了神兒，急匆匆地去找楊榮商議。楊榮卻不急不躁，如同神機妙算的諸葛亮一般分析了當前的形勢，然後說：「皇上不必擔憂，這次被圍不會有大礙，解圍的捷報馬上就會送到。」後來，事情果然如楊榮所料，朱棣對他佩服得五體投地。

楊榮對自己的前途也謀劃得非常周全。朱棣去世後，朱高熾和朱高煦為繼承皇位爭得不可開交。朱棣去世的關鍵時刻，楊榮把皇帝的印章和信符交到朱高熾手上，協助他順利登上了皇位。之後，楊榮果然受到新皇帝的器重，成為內閣首輔。

楊溥

　　這個人的經歷更具有傳奇色彩。按理說，他很早就出來做官了，工作經驗很豐富，隊也沒有站錯，一直是太子朱高熾身邊的紅人。等太子登基後，他的前途就不可估量了，嘿嘿！但是「人有旦夕禍福，月有陰晴圓缺」。太子因為一點小事得罪了皇帝，於是楊溥也跟着倒霉，被塞進了大牢。

　　明朝的大牢可不是好蹲的，錦衣衛們最擅長的就是毒打犯人，一天一小打，兩天一大打，折騰了無數次之後，能活着出來的就不多了。楊溥可不是一般人，他不僅以頑強的生命力活了下來，還在監獄裏埋頭苦讀，好像完全忘記了自己的生死。要知道，他在牢裏這一蹲就是十年啊！朱棣聽說了楊溥的奇人奇事，暗自讚許他的臨危不懼。

　　太子朱高熾一登基，馬上就把這位蹲監獄蹲出了名的老戰友接了回來，並予以重用。楊溥終於有了施展自己才華的舞台，之後進入內閣，與楊士奇、楊榮一起執掌機要。

　　這三位牛氣沖天的老兄進入內閣後，撐起了內閣的一片天，把它由簡單的皇帝私人辦公室，變成了朝廷裏最重要的機構。內閣首輔的權力實同丞相，「入閣」成了所有當官人的夢想。這三個人先後經歷了永樂、洪熙、宣德、正統四個朝代。皇帝活着的時候他們活着，皇帝死了他們還活着，簡直就是三大「不死金剛」啊！

（轉自《人物先鋒報》）

辦公室的故事

「三楊」同朝為官這麼多年，每天低頭不見抬頭見的，一定發生過很多故事。今天，本報請到了「三楊」之一的楊榮，他向我們獨家披露了一件發生在他與楊士奇之間的事情。

楊榮：今天發生了一件事，讓我覺得非常慚愧。上個月有一位邊關將領過來拜訪，還給我帶來了幾匹好馬。那可是上等的馬，膘肥體壯，油光發亮，讓人看了實在是喜歡，我非常高興地接受了。

雖然我很開心，但是有一個人卻板起了臉，這個人就是我的老板——皇帝朱瞻基。他覺得我這是在收受賄賂，於是對我的同事楊士奇說：「我聽說邊關的將領送了很多馬匹給楊榮，這是在貪污受賄啊！看來要好好兒懲罰他一下才行。」

楊士奇聽了這話，馬上對皇帝說：「皇上，楊榮是一個難得的人才，他對軍事非常了解，這一點是任何人都比不上的。就算他收點小禮品，您也不要放在心上。就當成是培養他一個愛好嘛！」

皇帝聽了這話，笑眯眯地對楊士奇說：「哎喲，你這麼幫着楊榮，他平時在我面前可是經常說你的壞話哦！」

按理來說，楊士奇這個時候應該很生氣才對，但是他居然做出了不一樣的反應。他說：「皇上，楊榮說了我壞話，可是您也沒有懲罰我啊！說明您很包容我。那您這次也包容一下楊榮吧！他的確是一個有才能的人啊！」

皇帝這才點了點頭，沒有追究這件事。

宮裏的太監把這件事告訴給我，我聽後覺得非常慚愧。沒想到楊士奇居然是這樣一個大度的人，相比之下，我可真是一個小人啊！今天晚上我要好好兒請楊士奇吃飯，向他賠禮道歉。

（摘自《楊榮專訪》）

說說我們的皇帝朱瞻基

七嘴八舌

某地農民💬今年三月，我們村的人都在田裏耕作，忽然遠遠地看到一群人騎着馬過來，一看穿着就知道是有錢人。我們都以為是哪家的公子哥兒帶着人去春遊呢，沒想到這群人直奔我們面前，下馬和我們聊起天來。其中有一個人好像對我們種田的事情很感興趣，連問了好幾個問題。

我們雖然有些奇怪，但還是一一回答了他。他看到犁田的工具，對我說：「老哥，您這個東西也借給我試一試唄！我來給您犁田！」

我一聽這話，自然是巴不得，馬上把工具讓給他。他拿着犁田的工具費力地犁起田來。一看那歪歪扭扭的樣子，就知道他從來沒有幹過農活兒，鄉親們都笑了起來。

那個人才犁了一會兒，氣就喘得比我家的牛還厲害，然後對身邊的人說：「我只是推了幾下就覺得很辛苦，何況那些整天耕田的農民呢！以後一定要對老百姓好一點啊！」說着，還讓人拿錢來送給我們。

直到這時候我們才知道，原來這個人就是皇帝朱瞻基（明宣宗）。想不到皇帝這麼關心我們老百姓，真是太意外、太感動了！

戶部官員💬今年六月份，京畿（音同機）地區發生了蝗災，可把皇

帝給急壞了，他馬上派官員去治理蝗蟲。過了幾天，他又把我們叫過去說：「聽說有些治理蝗蟲的官員趁機佔老百姓的便宜，搞得當地的老百姓寧可遇到蝗災，也不想要遇到這些官員。所以你們一定要好好兒監督，不要出現這樣的事情。」就這樣左叮囑右叮囑，他還是不放心，又寫了一首《捕蝗詩》當作禮物，給每個官員發了一份。

錦衣衛指揮鍾法保 💬 今年我可真是倒大霉了。事情是這樣的，我聽說東莞這個地方可以採珍珠。珍珠可是值錢的東西啊！一天就算只採 100 顆，我也發大財了。不過不是隨便什麼人都可以去採珍珠的，而是要拿一個皇帝頒發的「採珠許可證」。

於是我就跟皇帝說了這件事，求他給我發一個「採珠許可證」。反正珍珠長在海裏，不採白不採。可是皇帝把我狠狠地罵了一頓，說我想錢想瘋了，還說要是只為了賺錢，一定會鬧得當地老百姓沒法過日子。好家夥，皇帝不但沒有給我「採珠許可證」，反而發給我一張「入獄通知書」，把我丟進了監獄。

嗚嗚嗚，皇上，我知錯了，我以後再也不敢打這樣的歪主意了。請您放過我吧！

（摘自《百姓生活》）

蘇州來了新知府

蘇州來了個新知府，名字叫況鍾。聽說這個人非常優秀，連明成祖都獎勵過他 31 次。明成祖可是出了名的挑剔，想讓他表揚一次都得費九牛二虎之力，更何況是 31 次呢。這個人難道有三頭六臂？

不過，就算他有三頭六臂，也未必能管好蘇州。要知道，蘇州是全國最有錢、也最難管的地方。奸猾的小吏和有錢人相互勾結，橫行霸道，每年都設立一些千奇百怪的賦稅，使得當地百姓叫苦連天，但沒人敢吱聲。這樣一個地方，能有人管得好嗎？

況鍾剛到衙門，一大堆的事情都等着他處理，當然，還有一堆人伸長脖子等着看他的笑話。官員都是朝廷選拔的，任期滿了會被調走；而小吏都是當地人，熟悉情況，負責執行。都說新官上任三把火，倒是要看看這火怎麼燒。很快，大家看出來了，這況鍾根本沒有傳說中的那麼厲害嘛。

第一天審理案件的時候，況鍾居然什麼都不懂，只知道問身邊的人，這個事情怎麼辦，那個事情怎麼辦，別人怎麼說他就怎麼做，真是一個大草包。這下可好了，新知府這麼好欺負，以後蘇州老百姓的日子可就難過了。

誰知道過了幾天，況鍾忽然召集眾人，非常嚴肅地說道：「你們真以為我什麼都不懂嗎？前幾天處理案件的時候，我不過是假裝不知道罷了。可是你們呢，不僅瞎說一通，還讓我該做的事情不做，不該做的事情瞎做。你們這些地頭蛇還真是為所欲為！蘇州之所以烏煙瘴氣，都是你們鬧的。不殺了你們，我沒法把這個地方治理好！」

說完，況鍾宣佈把幾個罪大惡極的屬吏當場處死。大家都被嚇傻

了，這才明白原來前幾天他是在裝糊塗，藉着這個機會處罰那些不聽話的人。從這件事之後，所有的人都服服帖帖，再也不敢惹事了。蘇州的治理也一天天變好了。

（通訊員　嚴智星）

廣 而 告 之

正宗宣德爐，貴得有理由

快來看一看、瞧一瞧，本店新進一批正宗的宣德爐，都是非常罕見的寶貝啊！

不知道為什麼，別的皇帝都喜歡玉啊，寶石啊，金子、銀子之類製作的賞玩品，可是我們的皇帝（朱瞻基）呢，特別奇怪，居然喜歡香爐。為了製造頂級香爐，他特地花大價錢從暹（音同先）羅國（泰國的前身）進口了一批上好的紅銅，交給負責煉製香爐的匠人呂震，讓他一定要煉製出最好的香爐來。

過了幾天，呂震向皇帝報告：「皇上，紅銅最少要煉製 6 遍才能造出絕品香爐來。不過這樣一來，損耗很大。您上次給我的材料我煉了幾遍，已經剩下不多了。您看還要不要接着煉啊？」

換了別人，一聽到這話肯定心疼。這些紅銅可是花了大價錢買來的呀，現在居然只剩下一半了。皇帝財大氣粗，不在乎這點小錢。他對呂震說：「沒事，我有的是錢，你放心去煉。最好是煉 12 遍，我要最好的品質。對了，你再去選一些金子、銀子，放在一起煉。別替我省錢，我只要能做出最好的香爐就行。」

有了這句話，那些工匠們可就放心多了。煉了 12 遍的紅銅確實不一般，看着就光彩非凡。除了在材料上精挑細選之外，這批香爐的造型也不一般，製作時參考了金石學的權威書籍《考古圖》和《宣和博古圖》。

客官，您算一算，這樣一來得花費多少時間和精力啊！您看這些香爐的顏色，每一隻都不一樣。瞧這隻，紫色裏面帶一點青色，像不像茄子的顏色？沒錯，這個叫茄皮色。再看這隻，好像是埋在地下很久的玉一樣，有一點土沁色，這個叫土古色。還有這隻，白色和黃色裏還帶一點紅色，叫棠梨色。另外還有琥珀色、蟹殼青、朱紅斑等等幾十種顏色。

今天這些正宗的宣德爐，每隻才賣您一萬兩銀子。不要嫌貴，這可是稀有的珍品，買了保證只會賺，不會虧。咱們的皇帝只做了 3000 個，大部分都留在皇宮裏，還有一些分給了大臣和皇親國戚。只有這極少數香爐，才出現在本人的小店裏。

您要是不放心，還可以上來摸一摸。這些香爐摸起來和剛出生的孩子的皮膚一樣嫩滑。您親自感覺到的東西是絕對不會騙您的。想買的趕緊下手啊！來遲了，您後悔可就晚了。

古玩店老板張某

皇后廢立風波

今天皇宮裏發生了一件大事——胡皇后被廢了！

說起這件事，我們是又氣憤又傷心。可憐的胡皇后，她嫁給皇上（朱瞻基）的時候還是個小女孩呢！雖然年紀小一點，但是性格很溫柔，對我們下人也非常好，大家都很喜歡她。等到皇上登基以後，她就是皇后了。

可是，好日子沒過多久，皇上就喜歡上另外一個姓孫的妃子了。加上胡皇后只生了一個公主，並沒有兒子，於是皇帝就以此為藉口，廢了胡皇后，另立孫貴妃為皇后。

這個決定一宣佈，宮裏可就炸開了窩，包括楊士奇、楊榮、夏原吉、張輔等眾多大臣都反對，紛紛對皇帝說這樣做是不對的，但是皇帝鐵了心要這麼做。你瞧，這幾天整個皇宮裏鬧得雞飛狗跳的。

儘管有這麼多人反對，但是可憐的胡皇后還是被廢了。幸好有太后幫着胡皇后，讓她住在皇宮裏，不然的話，她就只能待在冷宮裏了。

胡皇后可真是一個可憐的女人啊！

（胡皇后貼身宮女冷翠　供稿）

皇太子身世之謎

這可是天大的秘聞啊！咱們這位新立的孫皇后，手段可真是不一般。先是趕走了沒有兒子的胡皇后，接着又讓皇帝立自己的兒子朱祁鎮

為太子。這樣就算是皇帝老公死了，她也照樣可以做皇太后，享受榮華富貴。

不過據內幕消息說，太子朱祁鎮並不是孫皇后親生的。這到底是怎麼回事呢？事情還得從頭說起。

在孫皇后還是貴妃的時候，就非常受寵，但是一直生不出孩子來。要是哪天皇帝不喜歡她了，那她的好日子就完了。孫貴妃心裏非常着急，為了能生小孩，她費盡了心思，吃藥，找民間秘方，可都不管用。

後來，孫貴妃發現宮裏有一個宮女懷孕了，於是找到那個宮女，把她秘密地藏起來，然後假裝自己懷孕了。雖然很多人都知道內情，但是因為孫貴妃正得寵，所以沒有人敢向皇帝告密。

等到宮女一生產，孫貴妃就把孩子抱過來，謊稱是自己生的。皇帝知道了自然非常高興，於是把沒有兒子的胡皇后廢掉，立了孫貴妃為新皇后。

（孫貴妃貼身宮女彩月　供稿）

外交新聞　時好時壞的鄰里關係

大明的幾代皇帝似乎都很喜歡與外國建交。這不，幾年來，好幾個國家都與大明有往來。

首先是朝鮮。朝鮮每年都會派使團過來送東西，然後我們再回送一些東西過去，跟走親戚似的。就這麼一來二去，感情就建立起來了。

朱瞻基一開始還是挺體貼的。有次他還特地對朝鮮使者說：「你們來就來嘛，還帶什麼禮物呢！金子、銀子做的東西以後就不要送了，我們

這邊自己有。再說在路上遇到打劫的，那多麻煩。還有，那些珍奇的動物以後也不要送了，你們自己留着吧，我這裏也不開動物園。」

朝鮮國王一聽這話，覺得連皇帝都這麼好，那大明一定是個講禮節的國家，於是硬要派一些留學生來我們的國子監（國家設立的最高學府）讀書。朱瞻基覺得兩國語言不一樣，教起來也不很方便，於是拒絕了。不過他還是送了一套儒家的經典著作給朝鮮。

可到了後來，朱瞻基的態度就發生了一些變化。他居然開口找朝鮮要女人，要太監，還要廚師。要人也就算了，他連吃的東西也不放過，讓人家送魚和泡菜給他。真是有點丟人啊！

其次是日本。我國與日本的關係以前算是不錯的，但在明成祖時期，由於日本將軍足利義持反對與我朝來往，所以我朝和日本開始互相不搭理對方。

不過事情總會發生變化的。到了宣德時期，足利義持已經死了，他的接班人足利義教又想與大明恢復關係，恰好我們的皇帝也有此意。不過兩國已經很久沒有來往了，沒人傳遞消息，這可怎麼辦呢？

皇帝很聰明，他寫了一封信，讓一個叫柴山的太監送到琉球國去，然後再讓琉球國王轉給足利義教。信中說：「我們還是恢復好朋友的關係吧！這樣一來，我們還可以做做生意，互相賺錢，不是很好嗎？」

足利義教接到這封信，高興得不得了，馬上安排一個使團來拜訪大明。使團團長叫龍室道淵。他以前是我們國家的人，三十年前去了日本，一直沒有機會回來。這次趁着做使者的機會回來，激動得差點暈過去。

皇帝讓日本使者在都城住了兩個多月，還派人帶他們到處去遊玩了一圈兒，然後再護送他們回日本。後來，我們派使團回訪，在日本也受到了熱烈歡迎。

（通訊員　禮部胡濙）

1. 明宣宗朱瞻基在皇宮裏面設置了一個「內書堂」，這是用來教什麼人讀書的地方？
   A. 皇子　　B. 大臣　　C. 太監

2. 「三楊」是明朝著名的內閣大臣，下列不屬於「三楊」的是誰？
   A. 楊榮　　B. 楊慎　　C. 楊士奇

3. 宣德年間，皇帝朱瞻基喜歡花重金製造什麼東西？
   A. 珠寶　　B. 香爐　　C. 宮殿

答案：1. C　2. B　3. B

4

一四三六年～一四六四年

土木之變

◎ 自古以來太監很多，但是自己主動要求去當太監的，你見過嗎？

◎ 自古以來戰爭很多，但是皇帝親自率兵去打仗，結果還被人抓起來當了俘虜的，你見過嗎？

◎ 自古以來打架的很多，但是大臣把錦衣衛指揮使的耳朵咬下來的，你見過嗎？

◎ 自古綁架勒索的人很多，但是把皇帝當成人質去索要錢財的，你見過嗎？

◎ 這個世界上友誼有很多種，但是為了朋友，連命都可以不要的，你見過嗎？

◎ 別急，在本期裏，這些你都可以見到。

政府公告 新皇帝（朱祁鎮）即位

大明朝的子民：

咱們的老皇帝明宣宗（朱瞻基）已經駕崩，現在即位的是他的兒子（朱祁鎮）。新皇帝的母親孫皇后也升級為太后了。

目前，民間流傳着很多不靠譜的小道消息，說新皇帝不是孫太后的親生兒子，而是一個不知名的宮女生的，後來被孫太后搶過來當作自己的兒子撫養。現在皇家對外發言部正式發表聲明：這些都是謠言，皇帝（朱祁鎮）確確實實是孫太后的親生兒子。

希望大家以後不要胡亂猜測，更不要到處瞎說。從今以後誰要是再在這個問題上胡咧咧，那我們就會為他在監獄裏增加一個名額。

大明朝皇家對外發言部

奇聞怪事 有人自願當太監

天下之大，無奇不有。蔚州（今河北蔚縣）居然有人自願去做太監，而且這個人還是一個教書先生呢！

事情是這樣的。皇帝今年下了一道命令，說要選一些人到京城去做官。去京城做官人人都想，不過這次去的人要符合兩個條件：第一，這些人得是太監；第二，這些人要會讀書寫字，最好是文化程度高一點兒的，因為工作內容是要去宮中教別人讀書。

很多人看到了這個告示，卻沒有人報名參加。因為讀書人是最看不起太監的，就算是窮死、餓死也不會去做太監；願意做太監的人呢，都是一些斗大的字不識一籮筐的「睜眼瞎」。

自願報名的只有一個人，他叫王振，是蔚州的教書先生，讀書寫字自然不在話下。他由於收入比較低，就想趁着這個機會升官發財，於是就自願做了太監，入宮去了。

（摘自《大明軼事》）

王振自述 驚險的一天

今天我正在家裏休息，忽然有人來叫我，說是太皇太后宣我進宮，有重要的事情要跟我商量。於是我就起程去皇宮了。

一路上我一直在想，到底太皇太后有什麼事情要找我呢？應該是好事吧，可能是我陪伴侍候皇帝讀書有功，這次太皇太后肯定是叫我去領賞的。

到了宮門口，我看到太皇太后、皇帝，還有先皇選出來的五位大臣都齊刷刷地坐在一起。我一看這麼多重要人物在開會，居然叫上我，看來今天一定有大好事。

我剛一進門，原本笑眯眯的太皇太后臉色馬上就變了。她忽然對我大喊：「祖宗立下了規矩，宦官不得干預朝政，可是你老是來管朝廷的事情。今天我要把你的腦袋砍下來！」

太皇太后的話剛說完，周圍的侍衛就衝過來，拿着刀架在我的脖子上。

我嚇得差點尿褲子，馬上跪在地上不停地磕頭，話也說不出來。皇帝雖然年紀小，但和我感情很深，他也跪下來求太皇太后不要殺我，其他的幾位大臣也紛紛為我求情。太皇太后這才說：「我看在皇帝的面子上，饒你一命，你下次再犯就死定了！」

我懸着的心這才放下去。真是嚇死人了！要是侍衛真的一刀下來，我這顆腦袋就不在脖子上了。太皇太后她老人家可真是厲害得很。看來我以後一定要更加小心謹慎才行啊！

（摘自《王振自傳：我的升官發財路》）

時事快訊　朱元璋立的鐵牌被人挖走

本報剛剛收到短訊：今天早上，皇宮前面的大鐵牌被人挖走了。

這塊鐵牌的來歷可不小，它是幾十年前本朝的開國皇帝朱元璋下令立在皇宮前的，上面寫着八個大字：「內臣（也就是太監）不得干預政事」。

據多位不願意透露姓名的目擊證人稱，把這塊鐵牌挪走的正是太監王振。雖然有很多人知道大鐵牌是王振挪走的，但是沒有一個人敢站出來揭發。這是因為王振現在的權勢很大，很討皇帝喜歡，而討厭他的太皇太后最近又去世了，那些看不慣王振的大臣也死的死，老的老，所以他越發囂張起來。王振以各種藉口把很多反對他的大臣趕出了京城，現在沒有人再敢站出來反對他了。

（通訊員　丁三）

正直的于謙

　　宣宗皇帝即位時，任命于謙為御史，于謙作報告的時候，聲音洪亮，表達流暢，皇帝也不禁坐在台上認真傾聽這位年輕官員的講話。朱高煦叛亂失敗，向宣宗投降，在受降儀式上，皇帝派于謙數落朱高煦的罪過，于謙義正辭嚴，聲色俱厲，讓朱高煦瑟瑟發抖，很給皇帝長了臉。皇帝對于謙很滿意，大力提拔他，于謙很快就做到了侍郎，並兼任山西、河南兩地的巡撫。

　　于謙一上任，就騎馬在轄區裏到處察訪，和民眾交談，一發現問題，就向皇帝上報。于謙在任上又做了不少政績，他在三月份青黃不接的時候把糧食借給百姓，到秋收的時候讓百姓還債，對於年老多病和特別窮苦的，予以免債。而官員也要保證糧倉的儲備，如果倉庫糧食不足，不准離任。他還劃分黃河堤岸的負責區域，督促防洪；在道路旁種樹挖井，方便路人。有將領利用士兵開墾私田，也都充公改為軍屯。

　　「三楊」在位的時候，很欣賞于謙，于謙有什麼奏摺，都很快批准。于謙每次回京，也都兩手空空，不帶一點禮物「孝敬」權貴們。王振當權後，就把他討厭的于謙抓了起來。實在定不了于謙的罪名，他也只能釋放于謙，但是卻把于謙降職。山西、河南百姓紛紛入京上書挽留于謙，當地藩王也出頭為于謙說話，于謙於是官復原職。陝西、山東的百姓遇到災荒逃到河南，有二十萬之多，于謙也都妥善安置。

　　于謙這樣為政有方、兩袖清風的大臣，真是天下官員的榜樣啊！

我的小算盤

編者按 💬 也先，瓦剌的首領，為人精明。以下內容來自也先的自述。

在漠北，有兩個部落最強大，一個就是我們瓦剌（音同辣），另一個是韃靼（音同達達）。雖然大家都是蒙古人，都是成吉思汗的子孫，但是現在為了爭奪人口、牲畜和地盤，兩個部落經常打得雞飛狗跳。不過，在我也先的領導下，瓦剌已經越來越強大了。

可是我們再強大，也比不上隔壁的鄰居 —— 明朝。他們可是大財主，人多地廣，物產豐富，什麼東西都可以自己生產，而且他們的皇帝有錢又大方。只要我們不鬧事，每年向他們進貢，他們就會賞賜很多東西給我們，包括金銀、絲綢、瓷器等等，反正就是很多我們這邊沒有而又很需要的東西。

這幾年我發現，每次進貢的時候，明朝的皇帝並不在乎我們送了多少東西，只要我們的人去了，他就會按照人數賞賜東西給我們。有時候賞賜的東西遠遠比我們進貢的多。這可真是一個大大的便宜啊！

於是我就學精明了，每次都選很多的人去進貢，人數越多越好。進貢的東西呢，就帶幾匹馬、幾隻羊、一些肉和皮毛，反正隨便拿點兒意思一下就行，給明朝皇帝送過去之後，再拿着豐厚的獎賞回來。

哈哈，這樣的交易我們可真是賺大了！

大明為何與瓦剌打仗

　　親愛的讀者朋友們，相信大家都知道最近我們和瓦剌人打仗的消息了，他們兵分四路對我們發動了進攻。最近全國都在緊急調兵，聽說皇帝還要親自帶兵去打仗。看來雙方都是動真格的了。

　　不過全國上下很多人知道要打仗，但是卻不知道為什麼要打仗。下面我們就跟着記者去採訪一下，問問作戰的雙方，也許可以了解到打仗的原因。

　　明朝皇帝 💬 這些瓦剌人真是太可惡了！這幾年我朝和他們的生意越做越大，他們用牛、羊、馬來換我們的絲綢和金銀。一開始生意做得好好兒的，但是最近幾次，瓦剌人開始從中搞鬼，拿了些瘸腿的、瞎眼睛的、瘦不拉唧的馬當成好馬，硬是要賣高價。我當然不同意這樣做啦！

　　更加可惡的是，瓦剌的首領也非常狡猾。他先派了一個使團來我朝進貢，居然有三千多個人，每一個人都要我賞東西。更加可氣的是使團裏很多人都是兼職的強盜和土匪，沿途搶劫老百姓。這實在是讓人忍無可忍。

　　明朝太監王振 💬 以前瓦剌首領每一次派使團來我朝，都要送一大堆的禮物給我，最近這幾次，他們什麼禮物也沒給我帶。這簡直就是不把我放在眼裏嘛！這次使團又派了這麼多人來，還帶了一些劣等馬，說是要賣高價。哼，沒門兒！馬匹全部沒收，最多給你們一點路費回家。

瓦剌首領也先 💬 這明朝太不講理了！這幾年跟他們做生意，發現他們實在是不厚道。他們的絲綢、瓷器什麼的，價格都特別高，我們還沒辦法討價還價。我們自己生產不出這些，但是每天都要用，所以沒辦法，價格再高也只好認了。

這次我們派使團去明朝，沒有給王振送禮，他居然二話不說，就把我們帶過去的馬牛羊都沒收了，還不準備給錢。看來這次要給他們一點顏色看看，要讓他們知道，成吉思汗的後代可不是那麼好惹的！

（戰地記者 雷勇）

戰地報道 土木堡之變，二十萬明軍全軍覆沒

7 月 16 日：皇帝看來是發瘋了！竟然要親自去前線跟瓦剌人打仗。各位大臣極力反對，但是皇帝看上去是「王八吃秤砣——鐵了心」，根本不聽勸阻。而太監王振呢，又一直攛掇皇帝親征，說這樣不僅可以讓皇帝過一把打仗的癮，要是贏了還可以成為人人誇讚的大英雄。

所以最近幾天皇帝把國事託付給了他的弟弟朱祁鈺，然後調集了五十多萬人的軍隊，交給王振指揮。

■ 特約評論員于謙：這皇帝也太不靠譜了，以為打仗是小孩子玩「過家家」呢！咱們明朝的精兵強將都已經派上戰場了，他這五十萬人的軍隊可是臨時湊起來的！哦，對了，這五十萬的數字有水分，實際人數只有二十萬。還有啊，王振這樣的人帶兵，能打贏別人才怪呢！

7月26日：今天，我們的大軍剛到達大同（今山西大同市），就被瓦剌人殺了個屍橫遍野，看來瓦剌人非常厲害！皇帝和王振這下知道害怕了，加上我們的隊伍又是些臨時拼湊的散兵遊勇，皇帝害怕到時候跟瓦剌人打起來把自己的性命丟了，所以今天下令返回京城。

> ■ 特約評論員于謙：這下皇帝知道了吧？真正的打仗可不是鬧着玩的，都是以性命作為代價的。皇帝早點回來也好，總比把命丟在外面來得好吧！

8月1日：返回京城本來有一條非常近的道路，但是現在咱們的隊伍沒有走這條近路，而是從蔚州繞了一大圈兒。究其原因，居然是因為蔚州是太監王振的故鄉，他要回去給家鄉的父老鄉親顯擺一下自己的威風。

> ■ 特約評論員于謙：王振這時候不趕緊帶着隊伍撤退，還偏偏要從他家鄉蔚州兜一圈兒。我知道他就想炫耀一下自己的威風，更加可氣的是皇帝居然同意了這個餿主意。

8月3日：從蔚州走就從蔚州走吧，可是走到一半，王振居然下了一道新的命令：不准大軍從蔚州直接回京，而是從居庸關繞回京城。原因是怕士兵太多，把蔚州老百姓種的莊稼給踩死了。

> ■ 特約評論員于謙：走到一半又讓大軍繞道，真是豈有此理！要保護莊稼怎麼不早說呀？現在害得士兵們繞了一大圈，怨聲載道的，還耽誤了行程。要是有什麼閃失，這王振可真該死啊！

8月13日：今天瓦剌人追上來了，王振也慌了手腳，派一個叫朱勇的將軍帶着五萬人去迎敵。可是沒多久就傳來消息說這五萬人全部被殺了。

皇帝和王振這下被嚇破了膽，帶着軍隊沒命地跑。他們知道只要到了懷來城（今河北懷來縣）就安全了。可是到了懷來城附近的土木堡的

時候，王振忽然下了一道命令：「我後面還有一千輛車沒有到，大家先等一下吧。」

■ 特約評論員于謙：氣死我了，氣死我了！為了這一千輛破車，居然讓這麼多人等在土木堡不進城。如果瓦剌人打了過來，我們死定了！

8 月 15 日：果然被于謙說中了，瓦剌人趕上來，把我軍圍了個水泄不通，還切斷了我軍的水源。這麼多士兵沒水喝，這可怎麼辦啊？不過下午的時候，也先忽然派人送信過來，說他們準備投降，不想打仗了。

皇帝和王振接到這個消息，自然是喜出望外。沒想到也先是個卑鄙小人，投降根本就是一個騙局。他騙我們放鬆警惕，讓士兵去河邊喝水的時候，就衝進來大開殺戒。我們的二十萬大軍幾乎全軍覆沒，只有極少數人逃出來了。混戰中，王振被憤恨他的明軍將士用錘子錘死了，皇帝也被瓦剌人抓去了。

■ 特約評論員于謙：王振死了沒什麼可惜的，因為他本來就該死，但是我們二十萬的士兵，真是死得太冤了！

（戰地記者　雷勇）

信件轉載　一封恐嚇信

明朝政府：

　　你們的皇帝朱祁鎮現在在我們手裏。如果不想讓他死，就趕緊送金銀、牛羊、絲綢、瓷器過來，否則，就等着拖皇帝的屍體回去吧！

告訴你們這些狡猾的明朝人，不要跟我玩花樣。這次送的錢一定要多

多的。給得少了可不行！

　　還有，我讓你們打開哪一個地方的邊關城門，你們要馬上照辦。不然，就等着給皇帝收屍吧！

　　現在，皇帝朱祁鎮的死活掌握在你們手裏，你們自己看着辦。不過我有言在先，也先我是一個沒有耐心的人，所以不要讓我等太久！

瓦剌首領　也先

大臣在皇帝面前打群架

　　皇帝朱祁鎮出征之前，把國事交給了弟弟朱祁鈺。現在朱祁鎮成了俘虜，朱祁鈺就成了代理皇帝。

　　代理皇帝不好做啊！這不，今天一大早，朱祁鈺剛一上朝就被大臣們七嘴八舌給吵暈了。這些大臣說來說去就為了做一件事：殺掉太監王振的家人，再把他的同黨（也多是太監）殺個乾乾淨淨！

　　這幫太監平時壞事沒少做，特別是這個王振，在土木堡一下就害死了二十多萬將士，連皇帝都被他害得成了俘虜。大臣們提的建議完全沒有錯。但是代理皇帝朱祁鈺哪裏見過這個陣勢呀，見大臣們在下面齊聲嚷嚷，他的心裏很沒底，於是就說：「你們先回去吧，這件事咱們以後再說！」

　　這句話一出口，大臣們就翻臉了，直接拿出耍賴皮的架勢，說：「什麼叫以後再說？以後是什麼時候？告訴你，今天不解決這個問題，咱們就不走了！你也別想跑！」

代理皇帝朱祁鈺不知道怎麼辦才好，只好呆呆地看着下面這群大臣們，死活不說話。因為王振以前的勢力太大了，很多太監都是他的人，一下子要處死這麼多人，皇帝還真是不忍心。

　　看着皇帝不說話，大臣們拿出一哭二鬧三上吊的本領，邊哭邊罵起來。朱祁鈺嚇傻了，還沒有來得及說話，錦衣衛指揮使馬順跳出來，指着大臣們的鼻子破口大罵起來：「你們這些家夥太不知好歹了！沒聽到皇帝讓你們以後再說這件事啊？怎麼還不走啊？」

　　馬順在這個關鍵時刻可真是會捅馬蜂窩啊！大臣們的怒氣本來就沒地方宣泄呢，這下好了，一股腦兒都轉移到馬順身上了。加上這家夥壞事也做過不少，大臣們一擁而上，對馬順一頓拳打腳踢。別看大臣們都是讀書人，平時都是一副溫文爾雅的樣子，到了這時候可是毫不手軟，用腳踢，用手抓，甚至還有人用牙齒把馬順的耳朵咬了下來，最後把馬順活活地打死了。

　　朱祁鈺看到這一幕，又氣又怕，直接暈過去了。

（目擊者胡某　供稿）

文化人打起人來更狠啊！

我真的不願意做皇帝

自從我哥哥朱祁鎮被瓦剌人抓走之後，我這個代理皇帝的日子就沒有太平過。瓦剌人先是不斷地向我們要錢，還威脅說，如果不給錢就把我哥殺了；但是我們給了錢，他們又不放人，而且隔一段時間要一次錢，簡直就是把我們當成自動提款機了啊！

為了不讓也先繼續拿我哥哥威脅我們，我母后孫太后和大臣們集體提議要我做皇帝。這我可不幹，做皇帝太可怕了。前幾天這群大臣當着我的面把錦衣衛指揮使馬順活活打死了，我現在一想起來就好像在做噩夢呢！

加上現在我們正準備和瓦剌人打仗，萬一要我親自帶兵，那可就慘了。打贏了還好，打輸了那豈不是跟我哥一樣，要去沙漠裏面吃沙子？我堅決不做皇帝！

我對大臣們說：「各位，你們就放過我吧，你們隨便找誰做皇帝都可以，就是不要找我！對了，我大哥不是立了一個太子叫朱見深嗎？你們去找他做皇帝吧。我從哪兒來的還是回哪兒去，行不行？」

說着我就想溜，卻被大臣們一把拽住。他們說：「朱見深雖然是太子，但是今年才滿三歲，牙還沒長齊呢！在這關鍵時刻，哪能讓小孩子做皇帝啊？還是你做皇帝吧！」

救命啊，我真的不想做皇帝呀！

（摘自《朱祁鈺訪談錄》）

皇帝的過期聲明

也先：

　　你好！為了大明皇帝這件事，我們特地在《中國歷史報》上發一個聲明。請注意，你們手中的皇帝朱祁鎮已經過期，也就是說，從今天起，朱祁鎮已經不再是我們大明朝的皇帝，而變成了太上皇，我們現在的皇帝是朱祁鈺。

　　自從太上皇朱祁鎮被你們抓去之後，他在你們眼中就變成了一棵搖錢樹。為了贖回朱祁鎮，我們多次送錢給你們。朱祁鎮的老婆錢皇后，已經把自己的首飾都拿出來送給你們了，雖然她姓錢，但是人家又不會生產錢。

　　你們收了我們的錢，卻從來不履行諾言，每次都嫌少。這麼多錢還嫌少，你們是屬獅子的吧？胃口這麼大！可憐的錢皇后日夜擔心丈夫的安危，眼睛都快哭瞎了。

　　更加可惡的是，你們不僅要錢，還挾持皇帝到我們的邊關，要求我們打開城門，好讓你們過來搶東西！

　　現在我們有了新皇帝，你們手中的皇帝已經過期，不值錢了，甭想再到我們這裏要東西了！

大明朝皇家對外宣傳部

本期嘉賓：也先、于謙

採訪也先：為什麼攻打紫荊關？

中國歷史報　也先太師，聽說您最近要攻打明朝的邊關紫荊關（位於今河北易縣），這是為什麼呢？

也先　我抓了一個皇帝在手裏，但是既要不到錢，又打不開城門，我都快要被氣死了。現在他們明朝還另外立了一個皇帝，所以朱祁鎮在我手裏也沒什麼用，還不如直接打仗來得快！

中國歷史報　那您為什麼要選紫荊關呢？

也先　紫荊關距離明朝的都城北京最近。只要攻下了紫荊關，整個明朝的天下就是我們的了。

中國歷史報　那您覺得這次可以打贏嗎？

也先　哼，土木堡一仗我們就殺死了明朝二十多萬士兵，他們能打仗的人沒多少了，明朝政府肯定不堪一擊，所以我們這次打贏一定沒有問題！

採訪于謙：為什麼有信心守住京城？

中國
歷史報

于尚書，這幾天也先帶人把紫荊關攻破了，正要攻打京城。您是這次戰爭的明軍總指揮，有什麼打算？

于謙

土木堡之戰我們損失了二十多萬士兵，但是經過這幾個月的緊急調遣，我又在京城匯聚了二十萬人的部隊，加上從其他各個地方調過來的隊伍，一共有二十二萬多人了。這些人只要指揮得好，對付也先一定沒問題。

中國
歷史報

那您覺得這次明朝的優勢和劣勢各在什麼地方呢？

于謙

我們的劣勢就是，剛打過大敗仗，人心有點慌亂，不過這我已經注意去安撫了。還有就是我們新調來的軍隊戰鬥力較弱，不如原來守衛邊關的精兵。

但我們也有自己的優勢，能不能打贏一場仗，最終靠的不是士兵的多少，而是人心。也先打仗是為了搶我們的東西，我們打仗是為了保衛自己的國家，並為土木堡之戰死去的人報仇，所以士兵的心都凝聚在一起。我們這次一定可以勝利。而且北京城高大堅固，城內物資充足，我們完全可以在這裏和敵人決一死戰！

中國
歷史報

您負責指揮這場戰爭，害怕嗎？

> 哈哈，這有什麼好害怕的呀！人都有一死，如果我死了，那也是為了保衛國家而死，我覺得很光榮。這次我不僅負責指揮，還親自帶人防守德勝門呢！我早就做好了死的準備。

後續報道 💬 經過長時間的激烈戰鬥，于謙終於守住了北京城，把也先趕回了大漠。也先想要搶錢、搶房子、搶土地的計劃徹底失敗。

特別報道 患難中的友誼

朱祁鎮以前是皇帝，現在又做了太上皇，不過他的實際身份卻是瓦剌人的俘虜，隨時都有掉腦袋的危險。不過即使這樣，他卻有好幾個不離不棄的好朋友，一直陪在他身邊。

這其中有一個叫袁彬的人，是跟朱祁鎮一起被抓的錦衣衛，對朱祁鎮非常好。大漠裏日夜溫差很大，白天的溫度都可以烤熟雞蛋了，到了晚上卻冷得可以凍掉人的耳朵。也先簡直沒把朱祁鎮當人看，厚棉被也捨不得給他一牀。每天晚上朱祁鎮都凍得跟寒號鳥一樣直哆嗦。

錦衣衛袁彬雖然只是一個普通的衛士，但是每天都細心照顧朱祁鎮的飲食起居。到了晚上北風呼嘯，袁彬把朱祁鎮的腳抱在自己懷裏，讓他暖和一點。

真是患難見真情啊！

朱祁鎮的腿瘸了，不能騎馬，每次遇到瓦剌人要轉移到別處的時候，袁彬就背着朱祁鎮走。

朱祁鎮對袁彬也非常好。有一次，袁彬得了重感冒，要是放在以前，朱祁鎮叫幾個太醫來看一下就行了，可是在也先這裏，醫療不發達，連藥都沒得吃（就算有，也先也不肯給），朱祁鎮沒有別的辦法，只好緊緊抱着袁彬，給他捂出了一身大汗，這才治好了他的感冒。

還有一次，朱祁鎮出去串門，回來一看袁彬不在了。周圍的人說，袁彬是被也先的人帶走了。朱祁鎮知道大事不好，趕緊出門去追。可是他不會騎馬，又是個大胖子，跑了大半天才追上。原來也先的人正準備殺掉袁彬。朱祁鎮雖然是皇帝，但是看到這個陣勢，也顧不上那麼多了，馬上跪下來，哭着求也先放過袁彬。也先看朱祁鎮實在可憐，就把袁彬給放了。

（通訊員　蒙古軍營一老兵）

李實自述　我實在不想出使啊

編者按💬李實，原先的職務僅僅是一個給事中（七品官）。後來受命前往蒙古的瓦剌部落，與也先議和。出發前，朝廷給了他一個禮部侍郎（三品官）的職稱，以下內容來自李實的自述。

我本來是一個七品芝麻官，前幾天皇帝朱祁鈺忽然讓我做了禮部侍郎。這可真是天上掉下一個餡兒餅，正好砸在我頭上，把我的嘴巴都樂歪了。可是緊接着，皇帝的第二道命令又來了，說派我出使蒙古，去見

也先。

　　我一下就明白了，原來提拔我是因為這個。朱祁鈺雖然一開始很不想做皇帝，但是真正做了皇帝之後，卻開始上癮了，賴在皇帝的位置上不想挪屁股。上次于謙帶兵把瓦剌人打得落荒而逃之後，大臣們都想着把太上皇朱祁鎮接回來，但是朱祁鈺卻不管哥哥的死活，反正就是不同意。不管是誰提起這件事，都免不了要被拉出去打一頓板子。

　　經過于謙的勸導，皇帝才勉強答應派一個人出使，去看看太上皇，結果就選中了我。皇帝讓我出使，根本就是做做樣子而已，於是就隨便給我配了幾個隨從、幾匹馬就上路了。

　　走了好久，我終於到了草原，見到了太上皇。他看上去憔悴了很多，抓住我就問：「我在這邊都待了一年了，皇帝怎麼還不派人來接我啊？只要讓我回去，哪怕是做個小老百姓也心甘情願。」說着就哭起來了。

　　說實話，看着這個大男人號啕大哭，我的心裏也很難受。但是想起在土木堡死去的那些人，我忍不住問了他一個問題：「太上皇，您之所以淪落到今天這個地步，就因為您當時寵信王振。您當時為什麼要那麼相信他呢？」

　　我剛說完這句話，朱祁鎮就哭得更加大聲了。估計這是在為自己的行為後悔吧？唉，今天這個下場，都是他一手造成的。

　　接着我又見到了也先。也先一開口就問我：「你們準備什麼時候派人過來接朱祁鎮啊？」

　　這話可問倒我了，總不能說我們現在的皇帝壓根兒就不想要朱祁鎮回去吧？我只好不說話。

　　也先急了，說：「你們的太上皇在我們這裏什麼用處都沒有，還要浪費我們的糧食，還是早點派人接回去吧！」

　　現在朱祁鎮成了一個「大皮球」，誰都不想要。真是可憐啊！

金牌辯手楊善

　　也先三番五次表示不想要朱祁鎮，加上明朝的大臣們也看不下去了，於是皇帝朱祁鈺勉勉強強又派了一個叫楊善的官員去了一趟蒙古。楊善這次出使，連衣服和食物都沒帶多少，給也先的禮物也沒有幾件。

　　就這麼着，這個可憐兮兮的使團出發了。到了蒙古之後，也先看到他們窮得叮當響，禮物也沒有，自然沒有什麼好臉色。於是在吃飯的時候，也先看着埋頭狂吃的楊善，毫不客氣地問：「來來來，你給大家說說，土木堡之戰你們的部隊怎麼這麼不禁打啊？」

　　這話明顯就是在嘲笑楊善啊！不過楊善的腦子轉得飛快，他抹抹嘴巴，說道：「哎呀，實話跟您說吧，在土木堡打仗那時候，我們的主力部隊都到南方打仗去了，所以隨便湊了點軍隊跟你們打，輸了也在情理之中。要是換到現在，主力部隊回來了，加上後來新增的士兵，隨隨便便也有一百多萬，再打一次的話，我們就未必會輸給你們了！」

也先一聽，被嚇傻了，心想：明朝現在居然有這麼多軍隊！

楊善看了也先一眼，繼續說道：「我們還有神機營（就是火槍隊）。只要被他們打中的人必死無疑，華佗再世都沒法救。哦，對了，在你們的必經之路上，我們還安排人撒了鐵錐，馬一踩到，准能把馬蹄刺穿。馬蹄刺穿的那些馬打仗估計是不行了，烤馬肉吃還是可以的。幸虧這幾年咱們感情好，沒打仗，要不然，打贏你們跟捏死螞蟻一樣容易。」

也先聽了這話，頭上的汗水像瀑布一樣流了下來。楊善趁機又說道：「咱們誰也別惹誰。您呢，把太上皇還給我們，我們每年送東西給你們。這樣對大家都好，您看是不是啊？」

也先正等着這句話呢，馬上一個勁兒地點頭。誰知道這時旁邊跳出一個人說：「你們這次來一毛錢都不給我們，就想要帶朱祁鎮回去，世界上可沒有這麼便宜的事情！」

這該怎麼回答呢？楊善身上可只有兩個空空的口袋呀！但是楊善一點兒都不緊張。他笑了笑，說：「這還不是為了您好啊！我們不帶錢來，您還把太上皇還給我們，這顯得您是個頂天立地的大男子漢，一定會名垂青史的。如果拿錢給你們，不就顯得您是個貪財的小人了嗎！」

也先一聽這話，眉開眼笑，一個勁兒地說：「有道理，說得有道理。你們趕緊把朱祁鎮帶回去吧！」

就這樣，楊善沒費一毛錢就把朱祁鎮給帶回去了。他如此隨機應變，反應敏捷，可真算得上是大明朝金牌辯手啊！

（記者　霍思奇）

太上皇一秒變囚犯

　　有見過弟弟把哥哥囚禁起來的嗎？有見過太上皇連飯都吃不飽的嗎？有見過皇后要自己做針線活，賣錢度日的嗎？

　　咱們大明朝就有一個，這個人就是在蒙古做了一年俘虜的太上皇朱祁鎮。朱祁鎮要回來的消息傳到了國內，大臣們激動得一把眼淚一把鼻涕，嚷着要出城迎接。只有一個人非常不高興，就是現任皇帝朱祁鈺。

　　想想也是，朱祁鈺做皇帝做得正舒服呢，哥哥一回來，那他豈不是馬上要讓位了嗎？一想到這裏，朱祁鈺就滿心不高興，估計心裏恨死楊善了，如果不是他，事情怎麼會這樣啊。

　　心裏很不爽的朱祁鈺把大臣們的提議當成了耳邊風，只簡單地派了一頂轎子和兩匹馬去接哥哥回來。

　　在外面吃了一年苦頭的朱祁鎮以為這下回到皇宮，弟弟肯定會準備一大桌好吃的在等着自己。誰知道馬車一路奔馳，到了一個地方停下了。這個地方看上去破破爛爛的，根本不是皇宮，而是所謂的南宮。這南宮可不是什麼舒服的地方，其實就是現任皇帝朱祁鈺特地給過期皇帝準備的監獄。

　　可憐的朱祁鎮做了一年的俘虜，好不容易才回家，沒想到又變成了囚犯。而且這日子比以前更加難熬，二十四小時都有人守着。想出門散步？不行！讓老朋友過來一起聊天？不行！更讓人氣憤的是，朱祁鈺居然派人把南宮的大門鎖上，並且用鉛把鎖孔灌滿，讓門沒法打開。看守們每天把食物從一個小洞裏丟給朱祁鎮。有時候這點食物還被人克扣，朱祁鎮只好經常餓肚子。

　　幸好錢皇后的針線活做得不錯，她每天做點針線活，偷偷託人帶出

去賣了，換點錢回來用。

別人做皇帝都舒舒服服的，唯有朱祁鎮這過期皇帝做得太可憐了！

（供稿人　朱祁鎮身邊的一位老太監）

特別新聞　太子去世引起的風波

朱祁鈺把自己的親哥哥當成囚犯關了好幾年，但他還不滿足，提出要把自己的兒子朱見濟立為太子，只有這樣，他才能徹徹底底放心。雖然大臣們紛紛站出來反對，但是都被朱祁鈺一巴掌拍下去了。

於是，原來的太子朱見深被廢掉，現在的太子變成了朱祁鈺的寶貝兒子朱見濟。不過這朱見濟的運氣不好，太子沒當多久，就得病去世了。他爹朱祁鈺傷心得呼天搶地，不過，最讓朱祁鈺傷心的還不是兒子的死，而是大臣們的反應。他的兒子死了，那麼多大臣沒有一個人去安慰他，反而天天給他提建議，讓他恢復姪兒朱見深的太子地位。

朱祁鈺雖然只有朱見濟這一根獨苗，朱見濟翹辮子之後連個備選的人都沒有，但是要讓他同意立姪兒朱見深做太子，他是一萬個不願意。為了堵住大臣們的嘴巴，他動用了一個特別的武器——廷杖（就是用棍子打屁股），不管是誰，只要敢提立太子的問題，就當場扒下褲子，讓錦衣衛拖出去劈裏啪啦一頓毒打，輕則殘疾，重則當場喪命。

民間的老百姓誰也不敢多說一個字。哪怕與人聊天說起這件事，被人知道了，也是要掉腦袋的。

這皇帝越來越可惡了！

（記者　霍思奇）

朱祁鎮復辟

我們現在的皇帝是朱祁鎮啦！

也許很多朋友會覺得很困惑。這到底是怎麼回事啊？朱祁鎮不是太上皇嗎？什麼時候又變回皇帝了呢？真是把人腦袋都繞暈了。

要弄清楚這個問題，還要從頭說起。

短命太子朱見濟死了之後，他爹朱祁鈺就得了重病，眼看也不行了。很多人心裏就打起了小算盤，大將軍石亨就是其中一個。他覺得如果把太上皇（沒錯，就是在南宮餓肚子的那位仁兄朱祁鎮）從南宮救出來，重新扶上皇帝的位置，自己升官發財就不用愁了。

於是石亨聯合了一些跟他有同樣想法的人，比如說張軏（音同悅）、徐有貞、楊善、太監曹吉祥等人，策劃了一個非常詳細的「救援太上皇」計劃，然後開始行動。他們帶兵撞破了宮門，把太上皇給救了出來，然後趁着夜色跑到皇宮裏，集合所有的大臣，當衆宣佈：「太上皇已經被咱們幾個救出來了。現在躺在裏面的那位皇帝朱祁鈺反正也病得差不多快死了，咱們乾脆把太上皇恢復為皇帝吧！」

這可是大臣們最希望的事情呀！大家馬上集體同意，於是一切搞定。這個時候，重病在牀的朱祁鈺雖然氣得差點吐血，但也沒有辦法。

就這樣，被關了七年的太上皇朱祁鎮重新回到了皇帝的寶座上。所以我們現在的皇帝是朱祁鎮，各位讀者不要弄錯了哦！

《中國歷史報》讀者俱樂部

于謙到底是怎麼死的

　　我朝最著名的大臣、兵部尚書于謙於今年（1457年）正月二十三日被皇帝處死了，罪名是「想要造反」。在也先帶領瓦剌人攻破紫荊關的時候，于謙拚死保衛了北京城。這樣一個對國家忠心耿耿的人會造反嗎？讓我們走進「解密歷史」，看看親身經歷過這件事的人是怎麼看的。

- -

　　受訪者一（皇帝身邊的小太監） 💬 這件事我最清楚，于謙是被人冤枉而死的。這些冤枉他的人就是石亨、曹吉祥和徐有貞等一夥。

　　這三個人幫助朱祁鎮奪回了皇位，所以朱祁鎮做了皇帝之後，馬上就封他們做了大官。這下他們三個人可風光了，不僅上班輕鬆，工資還特別高，閒來無事就盯上了于謙。

　　先是石亨和曹吉祥跟皇帝說：「皇上，有件事兒您肯定不知道吧？您被囚禁在南宮的時候，于謙可是一點兒也不支持您做皇帝呢！他這行為屬於謀反啊！我看還是把他拖出去『咔嚓』了吧！」

　　皇帝不相信，說：「不可能吧，于謙可是個好人哪！上次也先帶兵進攻京城，如果不是于謙帶兵抵擋，那紫禁城都會被也先奪去了！幸虧咱們有于謙啊！」

　　徐有貞一聽這話，就跳出來說：「皇上，這于謙您必須得殺了！您想呀，如果您不殺于謙，那天下人就會說您這皇位是從您弟弟手裏搶過來的，說出去多不好聽呀！可如果您殺了于謙，然後對外宣佈于謙造反，那您奪回皇位這事兒就順理成章了。」

　　這是什麼狗屁理由啊！全天下人都知道于謙是個大好人，說他造反怎麼會有人相信？但是皇帝居然相信了，派人處死了于謙。

　　于謙真的是被冤枉的呀！

受訪者二（某官員） 💬 于謙死後，皇帝命我帶人去抄他的家。于謙做官做了這麼久，而且手握大權，一定有很多人送東西給他。我琢磨着，于謙說不定比皇帝還富有呢！於是我做好了充分的準備，帶了很多弟兄和馬車過去，準備大撈一筆回來。

可誰知道，我們把于謙家翻了個底朝天，也沒有找到什麼值錢的東西。他家就像普通老百姓家一樣。嘿，還沒有我們家有錢呢！我那時候隱隱約約感覺到，于謙是被冤枉的。他做了這麼久的官，都沒有貪污過錢財。這樣的一個好人，怎麼會去造反呢？

（特約記者　聞道）

特別報道 PK 賽：從朋友到敵人

徐有貞、曹吉祥和石亨三個人成功地幫助朱祁鎮奪回了皇位。皇帝當然也沒有虧待他們，又是讓他們做官，又送了不少錢財給他們。總之，這三個人這次是賺大了。

雖然官也做了，錢也有了，但是這三個人就是閒不住，沒事都要找點事情來做。很快，這三個人找到了一件有趣的事情 —— 整人！而且整的人都是朝廷的各級官員。首先他們三個齊心合力，互相配合，把大明朝第一功臣于謙送去見了閻王。

有了這麼一個偉大的勝利，接下來的事情就好辦多了。那麼多大臣，只要是他們看不順眼的，都沒有好下場，不是被害死，就是被流放。過了幾年，大臣們也被整得差不多了，為了把「與人鬥，其樂無窮」

的精神發揚光大，這三個人進入了整人的最高階段——窩裏鬥！曾經是好朋友的三個人開始互相鬥起來，而且鬥得非常厲害，大致可以分為以下三個回合：

第一回合　徐有貞 VS 石亨、曹吉祥

有一天，文武百官上朝的時候，皇帝朱祁鎮拿來一份奏摺，當眾唸出來，內容就是石亨和曹吉祥貪污受賄，建議皇帝把這兩個人拖出去「咔嚓」掉。

曹吉祥和石亨一聽，嚇得膝蓋一軟，跪在地上大喊冤枉，發毒誓說自己沒有貪污過一分錢。皇帝等他們喊累了，笑眯眯地對徐有貞說：「寫這個奏摺的人是你們部門的人。你們時時刻刻為國家着想，是好樣的！以後繼續加油！」

曹吉祥和石亨聽了，雖然很生氣，但是也只能在心裏暗暗罵髒話！

第一回合，徐有貞勝利！

第二回合　徐有貞 VS 曹吉祥

有一天，曹吉祥找皇帝聊天，兩個人正聊得開心呢，曹吉祥忽然說起一件事。皇帝一聽臉色大變，因為這件事他只對徐有貞一個人說過，他還特地叮囑徐有貞不要說出去。這曹吉祥是怎麼知道的呢？

於是皇帝很不解地問：「這是哪個大嘴巴告訴你的？」

曹吉祥一臉無辜地說：「這件事是徐有貞親口告訴我的呀！不只是我，還有很多人知道呢！」皇帝聽了這話，臉都氣得變形了，在心裏暗罵徐有貞。其實他不知道，這件事是曹吉祥向皇帝身邊的一個小太監打聽來的，根本不是徐有貞說的。

第二回合，曹吉祥勝利！

第三回合　徐有貞 VS 石亨、曹吉祥

有一次，石亨打仗去了，徐有貞抓住這個機會，指使一個叫張鵬的官員去向皇帝告石亨的狀。誰知有人把這件事告訴了石亨。石亨的反應倒是很快，當天晚上就騎馬趕回來，和曹吉祥商量對策。

曹吉祥對他說：「別怕，你今天晚上和我一起去見皇帝，這件事包在我身上。」

這兩個人見了皇帝，二話不說，抱着皇帝的腿號啕大哭起來，把皇帝弄得丈二和尚 —— 摸不着頭腦，趕緊問怎麼回事兒。

石亨一邊擦鼻涕，一邊說：「聽說徐有貞找人準備向您告我的狀，我覺得好委屈啊！陛下您一定要為我做主啊！」

皇帝皺着眉頭不說話，石亨等了半天，看沒什麼動靜，於是接着說：「我們要是有什麼做得不對的地方，您只管批評我們，我們甘願受罰。什麼時候輪到徐有貞來管呀？他這是不把您放在眼裏啊！」皇帝一聽這話，覺得有道理，於是連夜把張鵬和徐有貞從牀上揪起來，丟進監獄了。

第三回合，曹吉祥、石亨勝利！

（特約評論員　解獲）

父親寫給兒子的一封信

親愛的兒子：

　　你很快就滿十八歲，是一個大人了，以後要一個人行走江湖。作為你爹，我沒有很多的錢可以給你，不過我可以教你一些做人的道理。這可是比金子、銀子都要更加值錢啊。

　　也許你現在還不太理解這句話，那麼讓我來講一個真人真事給你聽。聽完你就全都明白了。

　　你爹我以前在朝廷做官的時候，有一個同事叫石亨。他這個人非常可惡，害死了不少好人。並且他為人非常囂張，一點都不知道收斂，仗着皇帝的喜歡，每天耀武揚威，不把皇帝當外人。他還把自己的七大姑、八大姨都叫來，讓皇帝給他們封官。

　　除此之外，他還貪污了很多的錢，在地皮最貴的市中心建了一幢超級無敵豪宅，有一回皇帝站在城樓上，一眼就看到了這座豪宅，心裏非常不高興。

　　除了這座豪宅之外，石亨還放縱他的家人在外面做壞事。不管他的家人或親戚做了什麼過分的事情，他從來都不管。他有一個侄兒叫石彪，有一回捅了一個大婁子 —— 造反。

　　飯可以亂吃，反不可以亂造。而且造反這麼有技術含量的事情，是隨便什麼人都可以去做的嗎？很快石彪就被皇上的軍隊收拾得服服帖帖，而且順帶把他叔叔石亨也拖下了水。

　　最後，石亨落了個滿門抄斬的下場。

　　所以說，孩子，人這一生不能做壞事，不能貪污錢財，一定要遵紀守法，而且做人一定要低調呀！

愛你的父親

《三國演義》搶先看

作者：羅貫中

章回數量：120 回

主要人物：劉備、關羽、張飛、曹操、孫權、諸葛亮、周瑜、趙雲等

出版時間：元末明初

價格：10 個銅板

想看戰爭故事書嗎？想知道古今第一聰明人是誰嗎？那就來買《三國演義》吧！這本小說講的是三個國家為了搶地盤互相廝殺的故事。這三個國家分別是吳國（老大是孫權）、蜀國（老大是劉備）、魏國（老大是曹操）。最後誰打贏了呢？

如果你的敵人帶着十萬大軍來攻打你，而你手頭卻只有一些老弱殘兵，你該怎麼辦？開門投降，請求對方放你一條生路？嘿嘿，有一個叫諸葛亮的人，在城頭彈了一首曲子，十萬大軍就撤回去了，這是為什麼？

有一個叫華雄的壞人，很多人都想殺掉他，但是他武功特別高，很多人都不是他的對手。這時候有一個長着長長鬍鬚的人，站起來說我去殺掉他。等他殺掉華雄回來的時候，桌子上的一杯熱酒還沒有冷呢！這個「溫酒斬華雄」的人究竟是誰？想知道答案，請看《三國演義》！

1. 大明的二十萬大軍覆沒，明英宗朱祁鎮被俘發生在什麼地方？

   A. 土木堡　　　B. 大同　　　C. 蔚州

2. 明英宗朱祁鎮被俘之後，明朝的皇帝變成了誰？

   A. 朱見深　　　B. 朱見濟　　　C. 朱祁鈺

3. 也先進攻北京時，明軍負責京城保衛戰的人是誰？

   A. 朱祁鈺　　　B. 石亨　　　C. 于謙

答案：1. A　2. C　3. C

勵精圖治

5

◎明憲宗朱見深最喜歡的妃子居然比他大了十九歲？

◎皇太子朱祐樘被很多人偷偷養大，而他爹居然不知道自己有這個兒子？

◎明憲宗朱見深吃的仙丹裏面竟然含有毒藥？

◎唐伯虎因為成績太好，竟然被人懷疑是作弊？

◎內閣的三位重要大臣白拿工資不幹活？

◎這可不是在逗你玩兒，看了本期，你就什麼都明白了。

財產歸誰所有

做過兩次皇帝、一次太上皇的朱祁鎮生病了，躺在牀上不能動彈，太醫已經下了好幾次病危通知單。朱祁鎮也知道自己的時間不多了，於是把自己的兒子叫過來，立了一個遺囑。內容如下：

本人朱祁鎮患病嚴重，且到了晚期。為了避免以後的財產糾紛，特立此遺囑。

一、寡人的所有財產均歸太子朱見深所有，包括江山，臣民，皇位和皇宮。希望太子好好兒繼承祖宗基業，把大明朝建設好。

二、按照祖宗的規矩，凡是皇帝死了，都要安排不少活人去殉葬。我覺得這樣做太血腥、太暴力，所以朕決定在死了之後，不要再用活人殉葬了，做點什麼木頭人、陶瓷人意思一下就行了。對了，你們這些後人死了以後也要按照我的規矩辦，不得再用活人殉葬。

萬貴妃的故事

當今皇帝朱見深最喜歡的萬貴妃，比皇帝大了整整十九歲。雖然宮中有無數貌美年少的女子，但是咱們皇帝偏偏喜歡這位阿姨級別的人。這聽起來可真是太稀奇了！

說到這位萬貴妃，還要從皇帝小時候說起。朱見深很小的時候，他爹朱祁鎮興致勃勃帶着軍隊出去打仗，結果卻肉包子打狗 —— 有去無回。於是朱見深的叔叔朱祁鈺就成了皇帝。

朱見深那時候才幾歲，哪裏知道這些事呢？他的奶奶孫太后為了保護他，特地選了一個姓萬的宮女去照顧他。

沒過多久，做了皇帝的朱祁鈺開始打起了歪主意 —— 他想把侄兒踢開，讓自己的兒子做太子。要說這件事，朱見深肯定是不願意的，但是現在叔叔是皇帝，自己的老爹已經去了茫茫的大草原，他想反抗也沒有辦法呀。

於是朱見深小朋友只好乖乖地讓出太子的位置，自己搬到冷宮去。周圍的人見他已經不是太子了，對他非常冷淡，只有這個萬阿姨對他不離不棄，兩個人相依為命，於是朱見深便對這個萬阿姨產生了深深的感情。

幾年之後，事情發生了翻天覆地的變化。做了七年囚犯的太上皇朱祁鎮在別人的幫助之下又當上了皇帝，太子的位置也回到朱見深的手裏。又過了幾年，朱見深當上了皇帝，他做的第一件事就是冊封三十五歲的萬阿姨為貴妃，並且非常寵愛她，根本不把別的妃子放在眼裏。

朱見深的母親知道了這件事，馬上給他安排了幾個漂亮的女孩子，還選了一個美貌的吳皇后。但是皇帝對這些都不感興趣，只寵愛萬貴妃一人。吳皇后氣不過，把萬貴妃抓起來打了一頓。這下可捅了馬蜂窩，皇帝知道這事以後暴跳如雷，當場就把這吳皇后廢掉了。可憐這位吳皇后進宮才一個月，皇后的位置還沒有坐熱，就被打入了冷宮。

萬貴妃太可惡了

親愛的《中國歷史報》編輯：

我們都是皇帝的妃子。今天聯名寫這封信，就是為了控訴可惡的萬貴妃。她仗着皇帝的寵愛，把誰都不放在眼裏。萬貴妃本來生了一個兒子，一心想要自己的兒子做太子，不過沒多久這小孩子就生病死掉了。萬貴妃自然是萬分傷心，不過更加讓她傷心的是，太醫說她以後再也不能生小孩了。

萬貴妃自己生不出孩子，也不允許其他嬪妃懷孕。我們皇宮裏面，只要哪個女人懷了孩子，她就會派人去下毒，弄得很多女人懷孕之後都要經常祈禱：「老天保佑，千萬不要被萬貴妃那個老巫婆知道！」

我們都猜，這些事情皇帝肯定是知道的，但是他總是睜一隻眼閉一隻眼，任她胡作非為。

更加可惡的就是，萬貴妃還用自己的權力勾結了很多人，大肆搜刮老百姓。對這事連皇帝都不敢多說什麼。

既然現在皇帝不為我們做主，我們就寫信給你們，希望你們把萬貴妃可怕的一面告訴普天下的民眾。

皇宮裏可憐的妃子們

這日子沒法過了

採訪一：這幾年，我們老百姓的日子真是沒法過了。皇帝根本不管事，天天躲在皇宮裏吃長生不老藥。內閣大臣們呢，一個個跟木頭雕的菩薩一樣，就是個擺設。大官們都不幹活，只領俸祿，下面的各級官員要做的事情可就多了，比如說貪污腐敗、用各種辦法霸佔我們的田地，要我們交各種各樣莫名其妙的稅賦等等。反正他們是好事一件不做，壞事全都做盡了。

幾年下來，我們這些小老百姓的日子完全過不下去了，大家連飯都吃不飽，房子也沒得住。依我看，與其這樣等死，不如大家造反算了。

採訪二：我叫劉勇，因為力氣特別大，所以大家都叫我「劉千斤」。我買了一些鋤頭、砍刀，準備造反。我要做的第一件事就是先把我們當地的狗官殺掉，把他的錢拿來分給鄉親們。

凡是跟我有一樣想法的人，都可以來找我。只要願意跟着我，我絕對不會虧待大家。要是起義成功，我絕對不會一個人獨自佔有榮華富貴，一定會跟大家一起分享。

皇帝有兒子了

咱們皇帝朱見深有兒子了！咱們大明朝終於有一個太子了！皇帝為了慶祝這件事，下令全國放假三天。

事情是這樣的，我們的皇帝雖然嬪妃眾多，但是一個兒子都沒有。原因是只要有人懷孕，萬貴妃就會第一時間趕到，非常貼心地送上一碗墮胎藥。不管你想不想喝，都必須喝下去。有了這位勞心勞力的萬貴妃，這麼多年，皇帝一個兒子都沒有。

不過，前幾天皇帝忽然說找到了一個兒子，他高興得老淚縱橫，當場封這個兒子為太子。那麼，這位太子是從哪裏冒出來的呢？

其實啊，這是很多人共同努力的結果。

原來，太子的母親是一個普通的倉庫管理員，負責清點皇宮的金銀珠寶。大家不知道她的名字，只知道她姓紀，就叫她紀姑娘。紀姑娘懷孕之後，萬貴妃曾經派人給她送了一碗墮胎藥，但送藥的人不忍心下手，就把藥倒在地上，然後回去對萬貴妃說：「她只是得了肚子脹的病，不是懷孕。」於是紀姑娘逃過一劫，把小孩子生下來了。

不過，躲得了初一，躲不過十五，紀姑娘生下孩子的事情還是被萬貴妃知道了。她非常生氣地派了一個叫張敏的太監，去把小孩子掐死扔掉。張敏看到這個孩子很可愛，沒捨得下手，而是把他抱走，偷偷地撫

啊？我還有個兒子！

養起來。

後來，被廢掉的吳皇后知道了這件事，就把小孩接過去養大。而這一切，萬貴妃和皇帝始終都被蒙在鼓裏。

有一天早上，張敏給皇帝梳頭時，皇帝看着自己的白頭髮，不由地發出感慨：「我都已經這麼老了，卻還沒有兒子。」聽了這話，張敏馬上跪下來對皇帝說：「皇上，您是有兒子的呀！」

皇帝一聽這話，驚訝得張大了嘴巴，說：「什麼？我有兒子？我怎麼不知道？」

張敏跪在地上，把他們偷偷撫養小皇子的事情告訴了皇帝。皇帝非常高興，讓他馬上把孩子接過來。

這小孩子的媽媽（也就是那個倉庫管理員紀姑娘）知道這件事後，心裏既高興又難過，因為她知道，萬貴妃肯定不會放過自己的，於是她哭着對小皇子說：「孩子，媽媽不能再陪着你了。你跟着張敏叔叔去見一個穿黃色衣服、長着鬍子的男人，他就是你爹。」

小皇子似懂非懂地點點頭。

等小皇子見到皇帝，皇帝一把就抱住他，一邊流淚一邊說：「長得真像我，這就是我的兒子。」然後，皇帝非常高興地給小皇子取名叫朱祐樘，將他立為太子，並且把這個消息宣告全天下。

童言無忌　壞人的東西不要吃

朱祐樘小朋友有了爹爹之後，這日子就幸福多了。以前吃的是百家飯，現在跟着老爹吃香的喝辣的，小日子別提多快樂了。加上他奶奶周

太后一直擔心萬貴妃要害他，便把他接到自己身邊親自撫養，這才相安無事。

不過萬貴妃可不是好惹的，總想找機會來謀害朱祐樘。一天，她說要請朱祐樘去她那裏吃飯。一聽說有好吃的，朱祐樘小朋友喜出望外，穿好鞋子就準備上路。周太后一把攔住他，說：「你到了萬貴妃那裏，什麼都不准吃，就說你已經吃飽了。她是個大壞人，沒安好心。乖孫子，你想吃什麼，回家奶奶叫人給你做。」

朱祐樘似懂非懂地點了點頭。到了萬貴妃的宮裏，她端出了不少好吃的東西擺在桌子上，一個勁兒地叫朱祐樘吃。朱祐樘想起奶奶的話，把口水咽了回去，說：「我不要，我已經吃飽了！」

萬貴妃又笑眯眯地說：「那你喝點兒湯吧，我這裏的湯最好喝了！」

朱祐樘一想：壞了，奶奶只教了我拒絕吃的東西，喝的東西沒有教我怎麼說呀！於是，他想了想，說：「我不要，我懷疑湯裏面有毒！」

萬貴妃一聽這話，差點兒氣得暈倒。這孩子也太直白了吧，說話不知道委婉一點兒嗎？她氣得大喊：「這小家夥才幾歲就這麼說我，長大了之後肯定會要我的命啊！」

從此，萬貴妃再也不敢對朱祐樘小朋友動什麼壞心思了。

時事快訊　有人要謀反

本報剛剛接到來自皇宮的消息：有人想要謀反！現在宮裏的人對這件事議論紛紛，皇帝下令加強皇宮的守衛。

事情是這樣的。有一個叫李子龍的人，在宮中有很多親信。在親信

們的幫助之下，他逮着機會就闖進皇宮去溜達。今天上午，錦衣衛的校尉發現李子龍帶着兵器，在萬歲山上鬼鬼祟祟的，形跡十分可疑。

為了安全起見，錦衣衛把李子龍抓起來審問，結果發現這個人居然想要謀殺皇帝。好在他沒有得逞，現在已經被丟進大牢了。

皇帝今天發表聲明，說皇宮裏面不安全的因素太多，近期將採取一些措施加強安保。

（通訊員　衛國）

情報速遞　西廠 ── 皇帝的爪牙

幾個月前，李子龍事件鬧得大家人心惶惶。皇帝心裏更是一萬個不放心，一想到居然有人想要殺死自己，就晚上睡不着。於是他派一個叫汪直的小太監假扮成老百姓的樣子，出宮去打探消息，看看還有沒有人想造反。

汪直得到這個機會，特別勤奮，每天早出晚歸，到處搜集信息，回來添油加醋說給皇帝聽。皇帝很滿意，但是又覺得一個人不夠用，於是就成立了一個叫西廠的機構，讓汪直當了西廠的領導，專門負責打探消息。

本着「廣撒網，亂捕魚」的精神，汪直帶着手下的人到處抓人，而且抓的都是當官的人。一旦他們懷疑某個官員，不管有沒有證據，反正也不用向皇帝申請逮捕令，抓起來就是一頓毒打。

沒多久，西廠抓人的本領就大大超過了它的老前輩東廠。很多官員只要進了西廠，就別想再出來。現在連普通老百姓也遭殃，在大街上稍

不注意說錯了一句話，也許轉眼就有西廠的人冒出來把人拖走。

以前大家覺得有一個東廠就已經很恐怖了，沒想到現在又出了一個西廠。這日子還怎麼過啊！

（特約評論員　解獲）

特別調查　我有一個夢想

最近，本報推出了一個調查，採訪一下大家心中的夢想。有人的夢想是做大官，有人的夢想是吃飽飯，有人的夢想是寫一部小說。這都是普通人的夢想，那對於什麼都不缺的皇帝來說，他的夢想是什麼呢？讓我們來看看皇帝朱見深是怎麼說的：

各位，作為皇帝的我，夢想就是有一粒長生不老藥。先不要急着驚訝，你們想想看，如果換了你是我，吃喝玩樂都不用愁，要什麼有什麼，你們是不是也不願死，想一直活下去？但是人都是會死的，除非吃了長生不老藥，才會永葆青春。

雖然要實現我的夢想比較難，不過不用擔心，我已經在全國找了很多能人異士，他們正在日夜不停地給我煉仙丹呢！假以時日，一旦這些仙丹煉好，我吃了就可以長生不老了。

什麼？你說他們是騙子，怎麼可能呢！他們可是一群非常難得的人，是我花了大價錢請來的，並對我保證一定會成功。雖然煉仙丹失敗了很多次，前後也花了不少錢，不過失敗是成功之母，我是不會輕易放棄的。

最後，祝我們大家都能實現自己的夢想！

誰是本朝最「極品」的閣老

　　大家都知道，明朝廢除丞相制以後，內閣大臣便是朝廷最重要的官員（時人將內閣大臣稱為閣老）。除了皇帝以外，掌管天下大事的人就要數閣老了。不過本朝的三位閣老——陳文、萬安、劉吉，可都算是「極品」。他們每天上班除了坐着喝茶、聊天、發呆之外，其他事情一概不做，人稱「紙糊三閣老」。

　　要說這三位閣老，其「極品」程度還真是分不出高低來，所以我們決定把這三個人的事跡都列出來，讓百姓們評選一下。

陳文

　　陳文年輕的時候非常有才華，做官也做得很不錯。內閣首輔李賢覺得這個小夥子不錯，於是把他推薦給了皇帝，於是陳文也就一腳踏入了內閣。

　　按理說，陳文進入內閣之後，應該非常感謝推薦人李賢才對，但奇怪的是，他不僅不感謝，反而處處跟李賢作對，還經常跟別人說：「我進入內閣，完全是靠我自己的聰明能幹，跟李賢沒有絲毫關係！」李賢要是聽到了這話，估計要氣得吐血吧？

　　過了幾年，李賢死了，內閣首輔的頭銜就落到了陳文頭上。做了大官的陳文脾氣也大了，做起事情來也越發卑鄙陰暗，害起人來一點兒都不心軟。不管是誰，只要稍微有點兒得罪他，下場都會很慘。

萬安

　　據說小時候的萬安非常愛讀書，而且非常聰明。不過長大之後，萬

貴妃啊，您是我七舅姥爺的侄女的老公的三姨媽的孩子的乾爸的小姑子的鄰居王老太太的外甥女啊……

安最大的愛好不是讀書，而是攀親戚。他攀上的這門親戚還真了不起，是皇帝朱見深最喜歡的妃子——萬貴妃。

其實，萬貴妃跟萬安之間是八竿子打不着的關係。不過這可難不倒臉皮比城牆還厚的萬安。萬安對萬貴妃說：「您看，咱們都姓萬，五百年前咱們可是一家人啊！」萬貴妃聽了，心想正好多了一個幫手，於是非常樂意地認了這門親戚。就憑着這層關係，萬安一步登天，坐上了內閣首輔的位置。

這位萬閣老還曾做過一件讓大家都哭笑不得的事情。那時候，皇帝整天躲在皇宮裏修煉長生不老之術，大臣們哭着喊着希望皇帝上朝。皇帝好不容易有一次上朝接見了大臣們，可大家還沒有說幾句話，萬安就忽然跪倒在地，大喊「萬歲」。按照我朝的規矩，上朝的時候大臣們喊萬歲，那就等於提示下班時間到了。皇帝聽到這一聲「萬歲」，正好趁機腳底抹油，撇下一群大臣馬上開溜。

劉吉

劉吉有一個外號叫「劉棉花」。為什麼要這麼叫他呢？那是因為棉花不怕彈啊！劉吉不論遇到什麼樣的彈劾，都能扛得住。

原來，咱們大明朝有一群特殊的官員叫「言官」，他們的工作就是每天監督皇帝和大臣們。如果他們有做得不好的地方，言官可以上書彈劾。劉吉雖說是閣老，但是什麼事情都不做，所以也就成了言官們攻擊的目標。

雖然經常被人罵得狗血噴頭，但是劉吉的脾氣不錯，不管別人怎麼罵，他只是聽着，堅決不改。很多人都拿他沒辦法。

這三位閣老，按理來說應該是大明朝最重要、也是最忙的人，但是他們三個人天天都沒事做，就像三個紙糊的人一樣，只是個擺設，不起任何實際的作用。

（時事評論員　言犀利）

懷恩自述　西廠攤上大事了

編者按💬懷恩，明朝著名的宦官，性情耿直，識義理，通典故，廉潔不貪。以下內容出自懷恩的自述。

西廠仗着皇帝朱見深給他們撐腰，誰也不怕，把當年東廠那套「亂抓人，瞎定罪」的精神發揚光大。他們看哪個官員不順眼，就把誰抓起來，先扒了褲子痛打一頓，然後胡亂安上一些亂七八糟的罪名，讓人家認罪。

俗話說，夜路走多了，自然會遇見鬼。這不，西廠前一陣子捅了個

大婆子。他們抓了一個叫楊曄的官員，硬說人家犯了罪，逼人家承認。可這楊曄是個硬骨頭，沒有犯過的錯堅決不承認。西廠的人只好冷笑一聲，把他拖出去大刑伺候了。

楊曄畢竟是個文弱的讀書人，身體素質本來就不好，被嚴刑拷打幾次之後，很快就一命嗚呼了。楊曄本身的官職並不大，但要命的是，他爺爺是大名鼎鼎的「三楊」之一——楊榮。

這下可捅了馬蜂窩了。楊榮雖然早死了，但他是廣大官員心中永遠的榜樣。現在榜樣的孫子無緣無故被西廠害死了，其他的官員可不幹，馬上聯合起來寫了一封信給皇帝，要求廢掉西廠，順便把西廠的罪魁禍首汪直處死。

皇帝看到這封信，非常生氣：「哼，西廠是我設立的，汪直對我也忠心耿耿，憑什麼說廢掉就廢掉啊？你們這群人也太不把我放在眼裏了吧？」

於是，皇帝氣沖沖地把我叫過去，說：「懷恩，你馬上去內閣問清楚，這封信是誰寫的，把他抓過來見我。」

我趕緊一溜煙地去了內閣，找到幾位大臣，對他們說：「哎喲喂，幾位大爺！那封信是哪一位寫的呀？你們可真是吃了熊心豹子膽了呀！這下可把皇上惹毛了，趕緊給皇上道歉去，去晚了恐怕要捱板子呀……"

我的話還沒有說完呢，內閣大臣商輅（音同路）馬上叫嚷起來："那封信是我寫的，怎麼樣？皇帝要抓就抓我好了。楊曄怎麼着也是個朝廷命官，汪直這個死太監有什麼資格去抓人家？不殺掉汪直，大明朝以後會毀在他手裏的！"

商輅這麼一說，其他的人都跟着叫了起來，大家七嘴八舌說個不停。我知道這群文官也不是好惹的，鬧出事情來就麻煩了，於是馬上對

他們說：「諸位不要激動。你們的意思我回去告訴皇上，皇上會給大家一個滿意答覆的。」

說完，我一路小跑去告訴皇帝：「西廠這次攤上大事兒了！如果您再包庇汪直，只怕官員們到時候會造反的啊！」

皇帝聽了我的話，沉默了很久，最後下令廢除西廠，把汪直趕回了老家！

太醫報告　皇帝的死因

皇上（明憲宗朱見深））於十日之前染上重病，因搶救無效，已於今天下午去世，享年四十一歲。

皇帝雖然年紀不算大，但是一心追求長生不老，每天服用那些找人提煉的仙丹。經過研究發現，那些仙丹裏含有大量有毒的鉛和汞，長期服用會對人體造成非常大的傷害。

另外，造成皇上死亡的還有一個非常重要的原因，就是萬貴妃的死。今年春天，萬貴妃去世了，這件事對皇帝的打擊很大，他一下子變得精神不濟，經常不思茶飯，還歎着氣說：「萬貴妃死了，我的日子也不多了！」

從那以後，他的身體抵抗力迅速下降，加上前一陣子生了病，雖然我們盡全力治療，但還是沒能挽回皇帝的性命。

這個皇帝不簡單

　　明憲宗朱見深死了，他的兒子朱祐樘繼位做了皇帝。唉，要說起來這個朱祐樘，可真是不容易呀！他還沒有出生，就差點被萬貴妃用墮胎藥害死。出生之後他只能依靠宮裏的太監和宮女偷偷地養活，到六歲才知道自己的爹是誰。做了太子之後，萬貴妃還一心要廢掉他的太子之位。

　　朱祐樘的經歷要是寫成一本書，估計可以取名叫《皇太子的悲慘生活》了。也許是小時候吃了不少苦，懂得體恤老百姓，朱祐樘當了皇帝之後，做了不少利國利民的好事。

　　第一件事，廢除煉丹術。朱祐樘把以前那些給皇宮煉仙丹的、研究長生不老藥方的人通通掃地出門，有的還被流放到偏遠的邊疆地區，再也沒有機會坑蒙拐騙了。

　　李孜省（煉仙丹負責人） 想當初先皇在世的時候，我的日子過得多滋潤啊！只要說是為了煉仙丹，我要什麼，先皇就給什麼。金子、銀子什麼的到手無數啊。俗話說「有其父必有其子」，既然先皇這麼喜歡煉仙丹，我琢磨着新皇帝肯定也會喜歡的。於是，我特地準備了十顆仙丹打算送給皇帝呢。當然，這些仙丹管不管用，我就管不着了。誰知道新皇帝根本不吃我這一套，還說要把我送去充軍。這下死定了，我以前發達的時候得罪了不少在軍隊裏混的人，現在落到他們手裏，肯定沒有好日子過了。

　　第二件事，不計前嫌。皇帝赦免了萬喜的死罪。宮中很多人都說，朱祐樘的親生母親是被萬貴妃害死的。萬貴妃的弟弟萬喜又是給先皇煉

仙丹的負責人之一，按理說是沒得跑。萬喜被抄家之後關進了監獄，很多大臣都勸皇帝把萬喜處死算了，但出人意料的是，皇帝居然說這件事就這麼算了。

萬喜 💬 我姐把皇帝的老媽害死了，我以前煉仙丹的時候還騙了老皇帝不少錢。這兩件事加在一起，我想這次一定死定了。誰知道皇帝居然說不追究，放我回家。真是太意外了。皇帝萬歲萬歲萬萬歲！

第三件事，皇帝親自接回了老太監懷恩。以前萬貴妃慫恿老皇帝，說要奪了朱祐樘的太子資格，太監懷恩堅決反對。老皇帝一生氣就把懷恩趕回老家餵豬去了。現在新皇帝派人把懷恩接回來，還親自去城門口迎接。懷恩已經一把年紀了，看到皇帝來接他，激動得兩腿直發抖。

懷恩 💬 我以前保護皇帝（那時候他還只是太子），只是覺得他是個難得的好人，並不是指望他報答我呀！我已經是一把年紀的人了，過得好不好無所謂，只要皇帝為天下百姓着想就好了。

第四件事，皇帝把以前撫養過他的吳皇后接回來做了皇太后，以感謝她當年對自己的養育、照顧之恩。咱們的皇帝可真是一個情深義重的好皇帝啊！

吳皇后 💬 沒想到啊，沒想到，當年我偷偷藏起來的那個小孩子現在竟做了皇帝。我當年是看他可憐才照顧他的，誰知道他今天竟然讓我做皇太后，我好感動啊！

年度最佳勞模 —— 皇帝朱祐樘

各位大明朝的子民們，一年一度的「全國最佳勞模」頒獎儀式開始了。這次的最佳勞模是咱們的皇帝朱祐樘，他以有史以來最高票數通過了這次評選。讓我們用最熱烈的掌聲祝賀他！

到底皇帝朱祐樘工作認真到什麼程度呢？下面咱們通過幾張照片來了解一下。

早上，天還沒有亮，就看到皇宮裏很多人腳步匆匆，伺候皇帝起牀了。有拿衣服的、倒洗臉水的、點蠟燭的、抬轎子的、準備早餐的等等。每天不管天氣怎麼樣，哪怕是「下刀子」，皇帝都要這麼早起牀去上早朝，所以每天天還沒亮，太監們就要起牀給皇帝做準備。

中午，外面的太陽非常大，曬得人昏昏欲睡，門外樹上的蟬在拚命鳴叫。皇帝吃過午飯之後，嘴巴一擦就召集大臣們開會，商量天下大事。很多年老的大臣身邊都放着一盆水，困了就洗把臉，洗完繼續開會。

晚上，整個紫禁城的燈光慢慢地一盞一盞地熄滅了，只剩下皇帝房間的燈還亮着。走近一看，皇帝還在辦公桌前看奏摺呢，旁邊一個小太監已經哈欠連天了。皇帝每天看奏摺都要看到半夜三更，有時候遇到緊急的事情，他還要連夜召集大臣們進宮商量對策。

看完這幾張照片，細心的讀者應該已經注意到了，皇帝由於常年超負荷工作、不休息，雖然才三十多歲，但是看上去像個五六十歲的老頭子，頭髮也全部掉光了，吃多少補藥都不管用。所以在此奉勸大家，當勞模也要注意身體呀！

（勞模評選委員會　供稿）

朱祐樘自述　我的三位得力助手

我做了皇帝之後，發現我爹留給我的那三位內閣大臣（萬安、劉吉、陳文）只拿俸祿不做事。連老百姓都稱他們為「紙糊三閣老」。我實在看

不下去了，打發他們回家退休養老，另外聘了三個牛人給我打工。

這三個人不僅為人忠誠，而且做事也非常靠譜。我今天要向大家隆重介紹一下。

第一位是「劉木頭」——劉健。他之所以被人稱為「木頭」，是因為讀書的時候特別認真，以至於周圍無論發生什麼事情他都不知道。他看書的時候，就算屋頂砸下來，只要沒砸中他本人，他肯定都不會挪動一下位子。

不過你們可不要小看這塊「木頭」，他可是出了名的決策高手。那判斷能力可比那些算命的「半仙」們強多了。每次我遇到拿不定主意的事情，就會告訴他，讓他幫我做決定。嘿，神奇的是，每一次他的決定都是對的！哈哈！

第二位是「李老頭」——李東陽。這是一位頭髮鬍子都白了的老人家。據說他小時候是個遠近聞名的「神童」，名聲大得連我那個做皇帝的叔爺爺（朱祁鈺）都知道了，還把他作為「特招生」招進順天府讀書。

這老頭兒身體挺好，皇帝都換了好幾個了，他還一直在朝廷做官。俗話說「薑還是老的辣」，這話一點都沒錯，他是我見過的人裏面最足智多謀的。他平時不吭不喘，火燒眉毛都不着急的樣子，遇到事情也總是想了又想，不過想出來的主意一定是最好的！

第三位是「謝大侃」——謝遷。他那張嘴相當的厲害，一旦跟人聊起天來，那真是滔滔不絕，侃侃而談，讓人不佩服都難。就連皇宮裏最能說會道的言官們，看到他也只有退避三舍的份兒。

誰要是想跟他辯論什麼事情，那我一定會奉勸這位不知天高地厚的人：「兄弟，你還是省省勁兒吧。想要辯贏他，是不可能的啊！」

他們這三位內閣大臣，因為各有所長，所以有歌謠傳唱說：「李公謀，劉公斷，謝公尤侃侃」。也正是因為有了他們，我肩膀上的擔子才會輕鬆一些，我們的日子才會比我父皇在位的時候要好過一些。

考場失意的唐伯虎

聽說過成績不好惹來麻煩的，比如說家長擔心，老師責罵，自己慚愧。但有誰見過成績太好，惹來很多麻煩的嗎？哈哈，咱們大明朝就有一位，他的名字叫唐寅（也就是大名鼎鼎的唐伯虎）。

這位唐先生，出生的時間非常奇特，是成化六年（1470年）庚寅年寅月寅日寅時出生的。出生時辰裏面有這麼多「寅」，所以就乾脆取名叫作唐寅，字伯虎。

唐伯虎讀書十分厲害，十六歲去考試，一下就考中了秀才，這下可把他們家鄉蘇州的人樂壞了。要知道，考秀才是很難的，有的人一直到頭髮花白、牙齒掉光也未必能考中呢！

到了二十九歲，唐伯虎去南京參加鄉試。您猜怎麼着？他一下又拿了個第一。這下不只是蘇州人，天下人都知道他的大名了。他走在路上都有大量的粉絲圍觀尖叫，為人父母的都恨不得他是自己家的孩子。

唐伯虎考完了這兩場，就剩下最後一場 —— 去京城參加考試。如果這一次他也考得好，那麼 —— 唐伯虎同學，恭喜你闖關成功，進入官場！

終於等到考試那天，卷子一發下來，很多人都傻眼了，這張卷子上的題目也太難了吧。出題目的人 —— 程敏政和李東陽好像故意要跟天下讀書人過不去似的，把這題目出得特別難。大家考完個個都垂頭喪氣的，只有唐伯虎很快就寫完交卷，然後去酒館找人喝酒吹牛皮去了。

閱卷那天，閱卷老師程敏政和李東陽看到其他人都寫得亂七八糟的，只有兩份卷子回答得非常好，於是高興地說：「這兩份卷子一定是唐伯虎和徐經的」。結果有人聽到這句話，就產生了疑問：「你沒有看到名

字，怎麼知道是他們兩個人的？是不是你把題目洩露給了他們倆了？」

　　考試洩題可是一件大事，一時流言四起。很快皇帝也知道了，派了錦衣衛去調查這件事。查來查去，查到徐經剛到京城的時候，曾送過一些見面禮給程敏政，唐伯虎也送過一個金幣給他。

　　這下跳進黃河也洗不清了。為了平息這件事，皇帝採取了各打五十大板的做法——把程敏政、徐經和唐伯虎都趕回家去了。

　　於是，這場考試裏成績最好的唐伯虎就這麼栽了一個大跟頭。從此以後，他再也沒有去參加過任何考試。

1. 還沒出生就飽受萬貴妃迫害，但最終登上皇位的人是誰？

   A. 朱祁鎮　　　B. 朱祐樘　　　C. 朱見深

2. 明憲宗朱見深設立的特務機構叫什麼？

   A. 錦衣衛　　　B. 西廠　　　C. 東廠

3. 考試成績拔尖，卻被誤認為舞弊而落選的人是：

   A. 程敏政　　　B. 唐伯虎　　　C. 李東陽

答案：1. B　2. B　3. B

6

寧王之亂

一五〇六年～一五二二年

◎如果有人問：「你最喜歡做什麼？」

◎明武宗朱厚照肯定是這麼回答的：「玩兒！」

◎如果遇到皇帝要殺自己，怎麼辦？

◎太監劉瑾肯定會說：「哭！」

◎如果皇帝忽然不見了，怎麼辦？

◎大臣梁儲和蔣冕肯定會說：「追！皇帝又跑出去玩兒了！」

◎如果遇到有人邀請自己造反，怎麼辦？

◎大明第一才子唐伯虎肯定說：「裝瘋！」

◎這一段荒唐而又可笑的歷史，本期將會一一為你呈現。

我的爸爸

大家好，我叫朱厚照，是大明朝的太子。今天老師佈置了一篇作文，題目叫作《我的爸爸》。

說到爸爸，我的很多同學會露出崇拜的表情。他們還問我：「你爸爸是皇帝，又把天下治理得那麼好，老百姓生活也過好了，你是不是為擁有這樣一個老爸而感到驕傲？」

其實呢，我一點都不覺得驕傲。我覺得我爸跟頭驢似的，整天不停地幹活，一刻都不休息。結果好了吧，三十多歲就得了一身的病，跟個小老頭似的。他活了大半輩子，什麼好玩的都沒玩過，什麼好吃的也沒吃過，真是有些不值。

從我懂事起，就看着老爸不停地忙。我醒着的時候他在處理國家大事，我睡着了他還在處理國家大事。依我看，這些事情不做也罷，反正做來做去還是那麼多，沒完沒了的，煩死了！

就是因為每天做那麼多的事，所以我爸身體很不好，經常生病。我們勸他好好兒休息，他卻怎麼也不聽，還說天下的老百姓都在受苦，自己怎麼可以不管？你們看，一個人生了病還要堅持工作，這不是天底下最大的糊塗蛋嗎！

所以如果以後我做了皇帝，一定不要跟我老爸一樣辛苦，我一定要痛痛快快地玩兒。

玩兒才是正經事

正德元年（1506 年）十月八日　晴

老爸死後，我就是皇帝了。老實說，做皇帝的感覺真的太好了！現在天下我最大，我說什麼就是什麼，我要做什麼也沒人敢攔着。

有一個叫劉瑾的太監說，民間的集市很好玩。我想在皇宮裏面也仿造一個，這樣我就可以隨時去玩兒了。我下令在皇宮裏建很多街道和店鋪，讓太監們扮成老百姓和生意人的樣子，我就拿着大把的銀子去買東西。

這可是我以前從來沒有玩過的花樣，還真是很好玩。我每一次都買很多東西，還認真地跟「老板們」砍價，非常好玩。要知道我以前可是從來沒有買過東西的呀！

正德二年（1507 年）五月十一日　陰

最近我真是玩得很開心，除了太監劉瑾之外，還有七個跟我一起長大的太監（他們共稱「八虎」）陪我玩兒。他們非常積極地給我推薦了很多好玩的東西，從宮廷外面給我買了很多我沒有見過的玩具。民間無論有什麼好玩的遊戲，他們都第一時間告訴我，教我玩兒。有了他們這些人，我的日子過得非常快活。

不過我雖然玩得很高興，但是有一群人很不高興了 —— 他們就是我爹留下來的一些大臣。我爹臨死的時候叮囑過他們要好好兒輔佐我。這群老頭子看我玩兒得這麼開心，居然說我是玩物喪志，不理朝政，還說要我一定處死太監「八虎」，不然的話，他們就集體辭職回家。

這可怎麼辦呢？這群做官的加起來有幾十個人呢，要是真的都走了，朝廷上的事情誰去做呢？總不能讓我一個人去做吧？哎呀，真是頭疼死了！

今天，大臣們又逼我把「八虎」趕走。我真是捨不得。他們要是走了，誰來陪我玩兒呢？那群做官的老頭子整天就知道跟我講大道理，我聽得耳朵都起繭子了。

但是如果我不答應的話，這場面沒辦法收拾啊！那些大臣可都是經歷過大風大浪的「老油條」，要對付我一個小孩子是很容易的。我看還是答應了吧，不然，以後肯定要被他們煩死的。

「八虎」，你們可不要怪我呀，我這也是沒辦法呀！

今天，「八虎」找到我，抱着我的腿大哭起來，說只想留在我身邊，不想被趕出去，還說以後一定給我找更多好玩的東西。看着他們那麼傷心的樣子，我心裏也非常難過。這些人都是我最好的玩伴呀！要失去他們，我可真的捨不得。

劉瑾看着我為難的樣子，對我說：「皇上，您現在是全天下最有權

力的人，那些大臣都是為您工作的，可是現在他們竟然敢威脅您，這實在是太過分了！」我一聽，覺得有道理啊，為什麼我一定要聽他們的呀？如果我不聽他們的會怎麼樣？

劉瑾接着說：「就算他們全部都辭職回家，也沒有關係，您還可以找其他人來做官呀。這天下想做官的人可多着呢！您是皇帝，想怎麼做都可以。他們要是敢來煩您，您大可以把他們都趕回家呀！」

這太有道理了，我之前怎麼就沒有想到呢！

七月六日　晴

今天上朝的時候，我宣佈把「八虎」繼續留在我身邊。聽到我的這個決定，下面大臣們的臉色都綠了。哈哈，真開心，他們昨天以為我真的要把「八虎」趕走，還高高興興地慶祝了一番，這下可高興不起來了吧？

謝遷和劉健兩位閣老對我說：「皇上既然要留下『八虎』，那就請皇上放我們回家吧！我們要辭職了！」哼，你以為我怕你們啊？辭職就辭職，我讓他們每個人去倉庫領一筆退休金，打發他們回家了。

剩下的官員看到這陣勢，都驚得目瞪口呆，再也不敢提辭職的事情了。

記者述評　打屁股事件

劉健、謝遷辭職之後，引發了一系列的事情。首先是官員們大大的不滿。這也難怪，本來太監劉瑾都快要被處死了，結果哭了一場之後，事情居然發生了翻天覆地的變化。

眼看到手的勝利果實就這麼沒了，官員們心中非常不爽，於是集體給皇帝寫信，要求把劉健和謝遷留下來。皇帝聽了這些人的請求，在太監劉瑾的建議下，很快就給出了處理結果——把他們全部拉出去打板子。

這些平時非常威風的官員們，一個個被扒下褲子，打得鬼哭狼嚎。其中有一個叫戴銑（音同險）的官員更慘，當場就被打死了。這下官員們更加憤怒了，有更多的人為戴銑抱不平，繼續向皇帝抗議。皇帝給了他們同樣的待遇——拉出去打屁股。

現在如果你在街上看到有人走路一瘸一拐的，那多半是捱了打的官員。這些天發生了這麼多的事情，都是太監劉瑾引起的。這個人已經變成了我朝最大的禍害，一定要除掉才行。

（特約記者　代馬）

特別報道　多功能遊樂場 —— 豹房

皇帝最近是玩大了，什麼刺激玩什麼。以前他花了大把的銀子，在皇宮裏面修建了一條民間的街道，大臣們一個個痛心疾首。他們要是看到皇帝現在的舉動，估計吐血的可能都有了吧！

因為以前好歹還是在皇宮裏面，現在皇帝的遊樂範圍已經延伸到皇宮外面去了。他花了二十四萬兩銀子建了一處遊樂場，取名叫作「豹房」。這豹房除了裝修得金碧輝煌外，裏面的東西應有盡有。想吃飯喝茶？沒問題，豹房有廚師二十四小時服務！想拜佛？沒問題，豹房有寺院，裏面還有一大群和尚二十四小時侍奉服務！想踢球，沒問題，豹房有一個特大的運動場。想看動物？沒問題，豹房有老虎和豹子，您隨便看！

　　自從有了豹房，咱們皇帝就一天到晚泡在裏面，連早朝都免了。大臣們踮着腳尖翹首企盼，可是常常從早晨等到中午，連皇帝的影子都沒見着！

（通訊員　皇帝貼身內侍李德福）

乾清宮失火事件

　　今年元宵節的時候，宮裏放煙花慶祝，結果煙花噴到乾清宮的房頂上，將房子點着了。下面看着的人都急得像熱鍋上的螞蟻 ── 團團轉。乾清宮可是紫禁城裏最有名的三大宮殿之一，象徵着皇帝的威嚴，燒什

麼也不能燒它呀！

於是宮中的人亂成一團，紛紛打水救火。大家都急得焦頭爛額時，只有一個人不着急，這個人就是皇帝。他那時候正在去豹房的路上，看到這一幕，興致勃勃地停下腳步，輕描淡寫地說了一句：「哎呀，好一場大火啊！」

這話說得，好像起火的不是他們家房子似的。

（通訊員　當值太監小六子）

信件
轉載

兄弟們，劉瑾死了

劉健、謝遷兄弟：

你們最近還好嗎？我可想死你們了！告訴你們一個大好消息——作威作福的太監劉瑾終於死了！趕緊買煙花爆竹回家慶祝吧！

哈哈，我真是太高興了！想當年你倆辭職的時候，曾責怪我為什麼不跟你們一起走，我的學生羅玘（音同起）還寫信來罵我，說：「滿朝正直的大臣都走了，就你還死皮賴臉地留在朝廷，我實在覺得非常丟臉。從今以後我再也不是你的學生了！」好小子，居然敢寫信來罵老師，真是豈有此理！

唉，其實我當時不跟你們一起走，真的不是捨不得內閣首輔這份工作和俸祿，我留下來是有原因的。皇帝每天不管事，整個朝廷都被

劉瑾控制着，官職爵位可以拿來賣錢，忠臣良將可以被隨便害死。

拍屁股辭職走人是很爽，別人看着也很瀟灑，但是你們想想看，如果我們都走了，那朝廷豈不是劉瑾的天下了？老百姓還會有好日子過嗎？所以我堅持要留下來，就是為了打倒劉瑾。

這幾年，我利用內閣首輔的身份，和劉瑾鬥智鬥勇，盡全力保護大臣們。你們不在，只剩下我一個糟老頭子，真是非常辛苦呀！

不過劉瑾的報應很快就來了。安化王朱寘鐇（音同凡）看到皇帝朱厚照整天就知道玩兒，想乾脆把皇帝的寶座搶過來，自己也過過皇帝癮。於是他於正德五年（1510 年）選了一個黃道吉日發動了叛變。雖然皇帝整天瞎玩兒，但是咱們的軍隊可不是吃素的，很快就將這次造反鎮壓了。有人趁着這次機會向皇帝告狀，說都是因為劉瑾作威作福，安化王看不下去了，所以才造反的。

皇帝聽了大吃一驚，親自去抄劉瑾的家，這才發現，劉瑾不僅貪污了很多的金銀財寶，還在家裏藏了一些印璽和玉帶，並且在自己每天帶着上朝的扇子裏還夾帶了兩把刀子。原來謀反的不僅僅是安化王，這位劉瑾先生也早有謀反之心了。

結果你們都知道的啦，誰要是造反，那就是活膩了。劉瑾很快被判了死刑。他被割了 3357 刀，這些割下來的肉都被老百姓們一文錢一塊買回去煮着吃了。

現在劉瑾死了，大家的日子一定會好過很多。這麼多年沒見到你們這些老同事了，還真是非常想念啊，有時間我一定來看你們！

老同事　李東陽

× 年 × 月 × 日

皇帝玩失蹤

據皇宮中傳來的可靠消息，今天皇帝失蹤了。雖然他已經很久沒有上過早朝了，大臣們要見他一次比登天還難，不過畢竟人還是在京城裏。但今天的情況和以往不一樣，皇帝居然不在京城了！雖然宮裏派出很多人到處尋找，但還是沒有打聽到皇帝的下落。

有人猜測皇帝可能是被人暗殺在什麼地方了，也有人說皇帝一定是跑出去玩兒了。總之，現在皇宮裏面亂成一團，下面請看本報記者從各路發回的報道。

***

內閣大臣梁儲：今天上早朝的時候，一個小太監慌慌張張跑過來說：「大人，大事不好了，皇帝不見了！」

「什麼？誰不見了？皇帝不見了？去哪裏了？」我趕緊抓着他的胳膊，讓他說清楚點兒。

這個小太監磕磕絆絆說了半天，我才弄明白，原來皇帝昨晚趁着天黑，帶上幾個隨從騎馬跑出京城，據說是往關外的方向去了。一直到今天早上太陽都升起老高了，皇帝還沒有回來。

這個消息就像一聲巨雷在我頭頂炸開，把我這個老頭子震暈了。我反應過來之後，飛快地朝門外跑去。半路上碰到同事蔣冕，趕緊拉上他一起去追皇帝。這個小祖宗，真是不讓人省心啊！要是萬一在路上出了什麼事情，那我們就是千古罪人啊！

***

居庸關巡守御史張欽 💬今天一大早就有人敲城門，我還以為發生了什麼大事情呢，鞋子都沒來得及穿就跑出去看。不看不知道，一看嚇一

跳，門外那個人居然是當今的皇帝！我嚇得屁滾尿流，還以為犯了什麼錯，皇帝要我的命呢！

一問才知道，皇帝居然說要我打開城門，因為他要出關去玩兒。我的天！他大老遠跑過來就是為了出關去玩兒啊？這可真是千古奇聞，我見過愛玩兒的，可是沒有見過他這麼愛玩兒的人啊！

現在可如何是好？我要是不開門，那就是違抗皇帝的旨意，是死罪。可我要是打開城門把皇帝放出去，萬一他要是有個閃失，那也是死罪啊！

管不了這麼多了。這皇帝也太荒唐了，一旦放他出去，就再也沒有人可以管住他了。這次無論如何我也不能放他出去。

- -

鎮守太監劉嵩 💬 守門的張欽不僅是個呆子，而且膽大包天，居然不給皇帝開門。眼看着皇帝帶人在門外嗓子都喊啞了，太陽也越來越毒辣了，這太陽要是把皇帝曬得中暑了，可怎麼得了？張欽不去開門，我去開。只要我開了門，說不定皇帝還會獎勵我呢！

我偷偷摸摸走到城門口，正準備開門呢，忽然聽到背後一聲咳嗽，我回頭一看，原來張欽手裏拿着一把劍，擺出一副殺氣騰騰的樣子。他問：

「劉公公，您這是要去哪兒啊？」

看到這架勢，我哪裏還敢去開門啊？趕緊找個藉口溜走了。

後續報道💬梁儲和蔣冕帶人火急火燎地追過來，終於追上了皇帝。各位大臣又是哭，又是勸，又是磕頭，加上張欽死都不開門，皇帝又跑了一晚上的路，覺得太累了，還不如回家去睡覺比較好。就這麼着，皇帝才回到了皇宮。

（通訊員　吳理）

跟蹤報道　皇帝再次失蹤

來自皇宮的消息：皇帝再次失蹤！上次出走失敗，大家都以為皇帝從此會乖乖地待在宮裏，打消出門的念頭了。沒想到啊沒想到，皇帝想出去玩兒的心思一直都有。這幾天他打聽到上次不給他開門的張欽出差去了，於是又帶着人偷偷地溜了出去。有了上次的經驗，這次他們順利地出了關。

等諸位大臣們追過去的時候，只看到了地上留下的一串串馬蹄印，除此以外什麼也沒看到，這一群氣喘吁吁的大臣們急得都快哭了！

關外記者💬皇帝這次外出，竟遇到了韃靼部落的小王子。這下可死定了，這小王子是出了名的常勝將軍，每次打仗咱們大明都輸給他。而咱們的皇帝呢，除了玩兒，一點正經事都不會做，這要是打起來，估計又要換新皇帝嘍！

　　大同總兵王勳 💬 今天我接到一封信，是一個叫「總督軍務威武大將軍總兵官朱壽」的人寫來的，上面說這次打仗要好好兒打，一定不能輸！咦，這個叫朱壽的人到底是誰啊？我怎麼從來沒有聽說過啊？

　　大敵當前，我不敢掉以輕心，派人去查了又查，居然發現「朱壽」原來就是當今皇帝，他也想參加這次戰役，所以就給自己另外取了一個名字，封了這麼一個官。我的天啊，這太荒唐了。皇帝居然想來打仗，他以為打仗是玩遊戲嗎？完了完了，這次麻煩可大了！韃靼部落的小王子帶了好幾萬人打過來了。皇帝要是在我的地盤上出點事情，我這顆腦袋怕是保不住了。

　　我趕緊去求皇帝，讓他可憐可憐我，趕緊乖乖地回京城，打仗的事情交給我就行了，不勞煩他老人家費心。誰知道皇帝拍着我的肩膀說：「你放心去準備吧！這次我來指揮，打一個漂亮的勝仗給你看！」

　　我真是欲哭無淚。還漂亮的勝仗哩，我看我還是早點去給自己準備棺材吧！

韃靼部落的小王子 💬 以前每次去明朝邊境搶東西都非常順利，他們的士兵根本不是我的對手。不過不知道為什麼，這次好像有點不一樣。今天從早晨一直打到晚上，他們居然一點撤退的跡象也沒有！

　　真是奇怪，要是以前他們早就一窩蜂跑了，這次怎麼人越來越多呀？我派人去偵察了一番，得到了一個爆炸性的消息 —— 明朝的指揮官居然是他們的皇帝朱厚照！他已經從其他地方調集了很多的部隊，專門來對付我！

　　眼看着我們的人死得越來越多，而明朝的士兵卻越來越厲害。好漢不吃眼前虧，搶個東西要死這麼多人，太不划算了，我看我們還是趕緊撤吧！

　　後續報道 💬 這次打贏了小王子，皇帝特別高興，說要獎賞大家，還特地問大同總兵王勳想要什麼獎勵。王勳跪在地上一把眼淚一把鼻涕，跟皇帝說他什麼也不想要，只求皇帝早一點回京城。他因為擔驚受怕，已經幾天沒睡好覺了！皇帝這次玩過了癮，這才帶着人馬回京去了。

（特約記者　朱子柏）

誠招各地造反義士

親愛的社會各界朋友：

我是寧王朱宸濠，最近準備舉兵造反，因為咱們的皇帝實在是太不像話了，整天除了玩兒，別的事情一概不做，聽說最近早朝都不上了。既然他這麼不喜歡做皇帝，那不如我來做吧！

造反首先要有士兵，可是以前朱棣做皇帝的時候，為了防止別的藩王跟他一樣造反，規定藩王不能養兵，所以我現在一個士兵都沒有。為了解決這個問題，我已經給皇帝身邊的太監們送了不少禮物，拜託他們去跟皇帝說，讓我養兵。這群太監神通廣大，皇帝被他們哄得一愣一愣的。昨天皇帝已經答應我養兵的請求了。現在特向社會各界招聘起義義士！

招聘要求如下：

1. 不怕死，敢殺人，有犯罪前科者優先。

2. 身體素質一定要好。如果動不動就要打針吃藥的話，那你還是回家養着去吧！

3. 最好有一技之長。不管你是有武功，還是喜歡出謀劃策，也不管你是口才出眾，還是擅長指揮作戰，總之，如果你有特長，我們絕對歡迎。

工作內容：

1. 打家劫舍，搶奪官府和百姓的田地和財產。

2. 打造各種兵器，跟朱厚照的部隊打仗。

3. 抓捕不配合我們工作的官員，逼其就範。

凡欲應聘者，請前往寧王府報名，一經錄用，待遇優厚！

大明才子唐伯虎瘋了

　　諸位讀者，大家還記得唐伯虎嗎？就是我朝大才子，現在據說已經瘋了！他每天不穿衣服到大街上裸奔，惹得滿大街的人都出來圍觀。他還整天胡言亂語，一個人站在路邊嘰裏咕嚕，沒有人聽得懂他在說什麼。

　　唉，真是太可惜了！唐伯虎是一個多麼有才華的人呀，寫詩、畫畫、書法都是全國數一數二的呀！上次有人說他考試作弊，後來事實證明，他是被冤枉的。他這麼優秀，哪裏還需要去作弊呢？

　　自從「考試作弊案」發生之後，唐伯虎受了很大的打擊，回家之後非常消沉，跟老婆也離婚了。他靠畫畫賺點錢，日子過得窮困潦倒。前一陣子寧王把他請了去，說是很欣賞他的才華。可是這才去了半年不到，不知道他怎麼就瘋了。寧王看他那副瘋瘋癲癲的樣子，覺得很丟人，於是就把他打發回家了。

　　唉，唐伯虎的命可真是苦啊！

　　唐伯虎內心獨白：一開始寧王讓我來他這裏，我還覺得非常開心，可是半年過去了，我發現有很多事情不對勁。他在外面招攬亡命之徒，還派了很多密探到京城去，京城的消息他都第一時間知道。還有一次，我看他檢閱部隊，居然有幾千人，看來他是準備要造反了！

　　造反可是要殺頭的。我上次考試因為被人冤枉，所以現在還有很多人誤會我。如果我繼續待在這裏，只怕到時候很多人會誤以為我在幫助寧王造反，我看還是早點走吧。

　　如果我突然提出要走，寧王肯定會起疑心，到時候他肯定不會答應。看來還是要想一個辦法才行。我想起書上說的「孫臏裝瘋騙過龐涓」的故事，於是決心效仿。裝瘋當然很辛苦啦，但是比起生命來說，實在是算不得什麼。

寧王一開始不相信，但是日子久了，看我還是瘋瘋癲癲的樣子，便只有相信了，於是放我回家。我總算是躲過了一劫。

（特約記者　朱子柏）

獨家報道　剿匪專業戶 —— 王守仁

寧王朱宸濠為造反準備了那麼久，養了不少兵。皇帝又整天不管事，連個人影都難得見到，所以他覺得，既然條件這麼好，那就反了吧。朱宸濠是個高效率的人，說幹就幹，很快就把造反的旗號扯起來了。

既然要造反，那從哪裏開始呢？朱宸濠想了想，就從身邊最近的人 —— 江西巡撫孫燧開始吧。要殺掉一個人是很容易的，一刀下去，「咔擦」一聲，人頭就落地了。

這件事驚動了一個人，就是汀贛巡撫王守仁。這位王大人可不是什麼簡單人物。他幾個月前在江西做巡撫，一上台就演了一齣「江西剿匪記」。把在這個地方橫行霸道、打家劫舍很久的土匪給剿了，弄得現在江西的土匪聽到他的名字都要打個寒戰。

既然剿匪這麼厲害，皇帝準備培養王守仁做「剿匪專業戶」，派他去福建和廣東平定當地的叛亂。王守仁領旨走到半路，正好趕上寧王起義。王守仁準備先把這個寧王擺平再上路。

不過有一個大問題，就是王守仁現在手頭沒有足夠的士兵。如果把這事報告給皇帝，讓他派兵下來的話，按照皇帝的辦事效率，估計派來的兵也就來得及給自己收屍了吧！想要報告給內閣，但是內閣的人已經被寧王收買了。這可真是讓人頭疼。

沒錢可以去借，沒兵也可以去借呀！王守仁馬上去找當地的知府，

向他們借兵。雖然人家很熱情地接待了他，還把所有的兵都借給了他，但是這點兵怎麼估算也不夠呀。

不過，這可難不倒剿匪專家王守仁。他做了一回騙子，印了很多宣傳單，然後貼到大馬路上去，讓來來往往的人都看到。宣傳單上是這樣寫的：「我王守仁特別喜歡打仗，現在手裏有幾十萬人，正想找個對手練練。熱情歡迎各位想打仗的人前來迎戰！」

寧王朱宸濠也看到了這份宣傳單，心裏有點害怕。首先王守仁打仗很厲害，這一點人人都知道。加上他這次是特地去福建和廣東平定叛亂的，估計手裏有很多的兵，輕舉妄動只怕沒有好果子吃。朱宸濠被這份宣傳單嚇得幾天不敢出門。

趁着這個空當，王守仁又給附近幾個州的官吏們寫信，讓他們火速支援。很久沒有打仗的各地官員都想趁着這次機會好好玩兒一把，很快就派兵過來了。幾天之內，王守仁這裏就聚集了十多萬人。

現在兩軍的對陣情況是這樣的：王守仁這邊有十幾萬的正規軍隊；寧王朱宸濠卻只有臨時湊起來的八萬人馬。

這一仗雖然打得久了一點，但是毫無懸念的以王守仁勝利而宣告結束。

（時事評論員　王大白）

時事追蹤　我所經歷的皇帝親征

皇帝朱厚照把皇宮裏的東西都玩膩了，漠北也去過了，還跟韃靼部落的小王子打了一仗，現在他又盯上了江南。聽說江南的風光好，美女

多，好吃的也不少，因此他吵着鬧着要去江南，卻被大臣們硬生生地抱着大腿給拖住了。

寧王朱宸濠造反的消息一傳到皇帝耳朵裏，他高興得差點沒跳起來，馬上召集大臣，一臉嚴肅地說：「寧王造反，這麼大的事情，我要親自去收拾他。你們趕緊給我準備軍隊、馬車和糧食！」

很快，興高采烈的朱厚照就帶着人馬浩浩蕩蕩南下了。在朱厚照的日程表裏，排在第一位的還是玩兒，至於平定叛亂，等玩兒夠了再說吧。

皇帝一路南下，在路上都遭遇了些什麼事情？幾位親歷者有話要說。

皇帝給我做媒

我是揚州的小市民王毅。那天我上街去買包子吃，忽然見前面有一隊人抬着一頂轎子在路上走，看到獨自一人外出的男人或者女人就抓，也不管長得美還是醜。這到底是怎麼回事呢？我躲在一棵柳樹下偷看，沒想到被他們發現了，也把我抓過去了。

我嚇得把買來的包子掉了一地，不知道他們抓我要幹什麼。過了一會兒，轎子裏下來一個人，穿着黃色的龍袍。天哪，這不是皇上嗎？全

朕給你們來個先結婚後戀愛！

天下只有他才能穿這樣的衣服呀。

皇帝咳嗽了幾聲，然後說：「你們這些人今天都遇到了朕，看來你們真是有緣分啊！既然這麼有緣分，那就結成夫妻吧！」

什麼？他把我們抓起來，就是為了給我們做媒？雖然我沒有老婆，但是我強烈抗議，分配給我的那個女人太醜了，臉都沒有洗乾淨，看上去髒死了，根本不是我喜歡的那種。

皇帝呀，結婚是一輩子的事情，您這樣瞎做媒，不是害了我們嘛！

皇帝找我要錢

我是揚州知府蔣瑤。皇帝到揚州之後，我負責招待。咱們皇帝愛玩兒的大名已經世人皆知了，他到我們這裏來肯定不是視察工作，而是來玩兒的，果然，他一來就迷上了釣魚。

那天皇帝叫上我，還有寵臣江彬一起陪他釣魚。恰巧那天他運氣不錯，一下釣到了一條大魚。皇帝高興地說：「哈哈，這條魚起碼可以賣五百金了！」

寵臣江彬聽了這話，馬上開始拍馬屁，對我說：「知府大人，要不你把這條魚買回家吧，這可是皇帝親手釣上來的嘛！」我恨透了這個奸臣，正想找個機會整他一下呢。現在機會來了，於是我說：「好，這條魚我買了。皇上您等着，我這就回去拿錢。」

我回去拿了一些衣服和首飾來交給皇帝。皇帝大惑不解，問：「這是什麼意思？」

我看着江彬，大聲說：「老百姓的錢都被壞人搜刮一空了，我這個做知府的也沒錢，只好把這些衣服抵給您。」江彬聽了這話，臉上紅一陣白一陣，想發火卻又不好發。倒是皇帝愣了一下，然後說：「算了，這條魚送給你了。」

幾天之後，皇帝要離開揚州了，這可真是一個大好消息啊！他在這裏玩兒幾天，我們天天得陪着，還要好吃好喝地伺候着，真是累死了。他走的那天，我們幾個官員們跑前跑後，為皇帝準備了一大桌菜。

等到吃飯的時候，皇帝卻不高興了。他大聲說：「誰讓你們準備這麼多東西的？吃又吃不完，這不是浪費嗎！」

我們被這一聲吼都嚇得六神無主，趕緊跪在地上。真是奇怪，皇帝什麼時候變得這麼節約了？以前沒看他少花錢啊！正在我們不知道說什麼好的時候，皇帝忽然來了一句：「把這桌酒席折算成現金給我，我就放過你們了。」

皇上，您這是玩兒的哪一齣啊？我們都傻了，呆呆地看着皇帝，只見他哈哈大笑，笑得眼淚都出來了，原來他這是在耍我們哪！

全國人民哪，我可真是服了咱們這位皇帝啦！

（特約記者　朱子柏）

親征，這只是一個遊戲

編者按 💬 王守仁，字伯安，號陽明，明代著名的思想家和軍事家。以下內容來自王守仁的自述。

早在皇帝剛從京城出發的時候，我就已經把造反的寧王朱宸濠抓住了。不過皇帝跟我說：「沒事，你把他帶到南京等着我。我先出去玩兒一圈，等玩兒夠了再來找你！」

就這麼着，我在南京等了他好久，終於把皇帝盼來了。皇帝看到朱宸濠之後，想了想，說：「把他放了吧！」

什麼？皇帝您這是在跟我開玩笑吧！我費了九牛二虎之力才抓住這該死的朱宸濠，怎麼您一來就說把他放了？我死也不幹！

皇帝看着我一臉的不情願，說：「哎呀，你真笨，我又沒有說讓你真的把他放了。我這不是來親征的嗎？既然來了，總要有個打仗的樣子呀！」

於是第二天，「皇帝親征」的一幕上演了。他找了一塊大空地，下令讓士兵裏三層、外三層地圍起來，然後讓我給朱宸濠鬆綁。垂頭喪氣的朱宸濠呆呆地站在那片空地裏，不知道皇帝要幹什麼。

整個場面安靜極了。皇帝不說話，只是饒有興趣地看着傻乎乎的朱宸濠。過了大概半個小時，他忽然手一揮，說：「把他抓起來！」周圍的士兵一窩蜂地圍上去，再次把朱宸濠捆住。

我這才明白，我把朱宸濠放了，皇帝再叫人把他捆起來，這就算皇帝親征過了，哈，這又是一個遊戲而已！

都是釣魚惹的禍

史上最愛玩兒的皇帝（朱厚照）因病醫治無效，已於昨晚駕崩，享年三十一歲。

皇帝的死因，是由於他平時不注意養生和鍛煉，整天只知道到處玩耍，縱情聲色，喝了太多的酒，所以雖然年紀輕輕，但是身體已被搞垮了。

加上上次，皇帝在江南兜了一大圈，在回來的路上，因為釣魚，不小心從船上掉到水裏，差一點被淹死。由於那時已經是九月份了，水有點冷，皇帝受驚又受寒，回來之後就大病一場。

雖然我們太醫院幾十個太醫每天圍着他轉，給他用最好的藥，但還是沒有把他治好，最後一命嗚呼了。

皇位的繼承人

皇帝（朱厚照）就這麼撒手走了，這可愁壞了大臣們。因為他雖然活了三十一歲，不過整天只顧着玩兒，還沒有兒子呢。加上皇帝又是獨生子（他以前有個弟弟，不過很小就死了），他這一死，誰來做皇帝啊？

皇帝的老師，內閣大臣楊廷和站出來說了一句：「既然先皇沒有兒子，那就讓他的堂弟來做皇帝吧！」

我們思來想去，也只有這一個辦法了。於是朱厚照的堂弟——十五歲的朱厚熜（音同聰）撿了一個大便宜，輕鬆坐上了皇帝的寶座。

1. 明朝的哪一位皇帝最貪玩兒，曾經多次私自溜出皇宮？

    A. 朱厚照　　B. 朱祐樘　　C. 朱厚熜

2. 明武宗時期，慫恿皇帝吃喝玩樂，趕走內閣大臣的太監是誰？

    A. 汪直　　　B. 曹吉祥　　C. 劉瑾

3. 平定了「寧王之亂」的著名軍事家、思想家是誰？

    A. 王守仁　　B. 唐伯虎　　C. 李東陽

答案：1. A　2. C　3. A

內憂外患

◎ 做了皇帝，卻只能叫自己的親生爹媽為叔叔嬸嬸，這個世界怎麼了？

◎ 做官不需要考試，只要會寫詞就行了，這是怎麼一回事？

◎ 有人罵他是奸人，有人說他是藝術家，這個人究竟是誰？

◎ 讓倭寇聞風喪膽的戚家軍到底有多厲害？

◎ 幾個宮女居然敢謀殺皇帝，是誰給了她們這個膽量？

◎ 更多精彩，盡在本報第七期。

誰是皇帝的爹媽

雖然說皇帝是全天下的老大，但他也不是無所不能的。比如說咱們的新皇帝（朱厚熜），因為做了皇帝，連自己的爹媽都不能認了，慘吧？誰說做皇帝很舒服？

朱厚熜有自己的爹媽，這是肯定的，畢竟他又不是孫猴子，可以從石頭縫裏面蹦出來。現在有人不准他認自己的爹媽，而且這個人來頭還不小，就是當年一句話就把他推上皇位的人 —— 內閣首輔大臣楊廷和。

關於這件事，楊廷和的道理可有一大堆。他是這麼說的：「皇上，雖然您現在是皇帝了，但是您爹可不是呀。您的叔叔（就是明孝宗朱祐樘）才是皇帝呢，所以，您要管您的叔叔、嬸嬸叫爹媽，這才符合規矩。誰要是敢反對，那就是和祖宗過不去！」

這擺明就是在欺負小孩子嘛！朱厚熜雖然年紀小，但還是很懂事的。他聽了這話非常氣憤，大聲說：「爹媽也是可以亂叫的嗎？」楊廷和看着他，居然微笑着點了點頭，這可把皇帝給氣壞了。

對於改認爹媽這件事，朱厚熜自然是一百個不願意，但是架不住下面那麼多大臣每天寫奏摺，要求他同意這件事。就在朱厚熜快要妥協的時候，有一個人冒出來支持他，這個人名叫張璁。

張璁是個讀書人，寫起文章來也不賴。他給皇帝寫了一封奏摺，引經據典，旁徵博引，洋洋灑灑一大篇，就是為了說明一個道理：「皇上，您想認誰做爹媽都可以，這事兒您說了算。」

皇帝看了這篇文章，自然是高興得合不攏嘴，馬上給張璁封官。這件事傳開之後，很多人都效仿張璁，越來越多的人開始支持皇帝，支持他與自己的親生父母相認。

現場報道 血濺左順門

本報剛收到的消息，今天在皇宮左順門發生一起流血衝突事件，參與的人有大臣、錦衣衛和皇帝。欲知詳情如何，請看前方記者發回的報道：

親愛的讀者朋友們，在了解今天到底發生了什麼事情之前，讓我先來給大家說一下事件的背景。

大家都知道，關於當今皇帝管誰叫爹媽的問題，大臣和皇帝是一天一小吵，三天一大吵，誰也不服誰。自從張璁因為支持皇帝被封了大官之後，越來越多的官員忙不迭地表示支持皇帝。這群人都被稱為「議禮派」；而那些反對張璁的大臣呢，就被稱為「護禮派」。皇帝自然是支持議禮派的啦。

正是由於皇帝的支持，引起了護禮派大臣的不滿。今天早上，護禮

派的大臣全部跪在左順門外。好家夥，這人數可真夠多的，黑壓壓一大片，引得周圍的群眾都過來圍觀。這些人可都是做大官的呀！平時見他們中的一個都很難，哪裏能一次見得到這麼多呢？這群大官跪在一起，又是哭又是喊的，逼着皇帝不准認自己的爹媽。

眼看着圍觀的人越來越多，皇帝知道了非常生氣。這麼多人跪在門口丟人現眼就也算了，居然還讓我管叔叔、嬸嬸叫爹媽。哼，老虎不發威，你們就當我是病貓是吧？

被氣得差點吐血的皇帝馬上下令，讓錦衣衛的人抓幾個為首的大臣扔進監獄，看誰還敢在大門口哭鬧！不過那些大臣不僅沒有被嚇住，反而哭得更加大聲了。皇帝這回是真的生氣了，又抓了一批，剩下的用棍子狠揍了一頓。

所以現在大家可以看到，左順門前到處都是血。唉，做皇帝不容易，做大臣的也不容易啊！

（通訊員　何柳）

想做官，學寫詞

各位想做官的朋友：

現在想做官，不再需要寒窗苦讀，也不再需要託人找關係了。只要做一件事，就是參加我們這個「青詞速成班」，學習寫青詞就可以了。

這個消息可是千真萬確。咱們的皇帝年紀不大，不知道為什麼特別怕死，一心要去找長生不老藥，還到處找成仙的秘方。唉，自古以來那麼多想要成仙的皇帝，沒有一個成功的。這皇帝

怎麼就是想不通這個道理呢？

正因為皇帝喜歡這個，所以那些和尚、道士瞅準了這個機會，給皇帝送一些亂七八糟的仙丹和長生秘方，得到了不少的好處。皇帝經常在皇宮中舉行一些祈求長壽的活動，每次到了這個時候，就會要求文人墨客寫祭詞，因為這些祭詞都是寫在青藤紙上的，所以被稱為「青詞」。

誰的青詞寫得好，誰就有機會做大官。這可真不是開玩笑的，我們「青詞速成班」裏面，就有好幾個學員，比如說夏言、嚴嵩、李春芳、嚴訥、郭朴等人，都因為青詞寫得好，做了內閣大臣，被人稱為「青詞宰相」（明朝廢除了宰相制，由內閣行使宰相之職，所以內閣首輔實際上相當於宰相）。

想做官的各位，只要你報名參加我們的「青詞速成班」，就有機會做大官。前一百位報名的朋友，還有機會獲得我們的神秘禮物。趕緊報名參加吧！

青詞藝術培訓中心

（人物評述） **雙面人嚴嵩**

嚴嵩是我朝最著名的大臣之一，手握大權長達二十年之久，曾經做過吏部尚書，謹身殿大學士、少傅兼太子太師，少師、華蓋殿大學士。關於他的評價很多，有人說他專門拍皇帝的馬屁，排擠同事，貪污受

賄；有人說他才華橫溢，為人正直，做過不少好事。

為此，正反兩派人士爭論不休。

好人派 💬 嚴嵩是一個非常有才華的人。他出身貧寒，父母都是普通人。他完全是憑着自己的努力才做官的，不像有些人，仗着自己的爹是官員就能做官。

嚴嵩非常愛書，修建了不少藏書樓，收藏了大量書籍，差不多有一萬多冊，這都是對知識的保護呀！而且他還收集了不少名人畫作，比如《清明上河圖》。你們想想，如果這些珍貴的書、畫落到不識貨的人手裏，肯定不會被人珍惜，說不定早就被毀了。

嚴嵩住在鈐山（今江西分宜縣境內）的時候，生活非常清貧，詩人李夢陽去看他，還為他寫了一首詩，其中兩句為：「問奇頗類揚雄宅，醒酒真輕李相莊。」嚴嵩也寫了一首詩回贈給李夢陽：「地僻柴門堪繫馬，家貧蕉葉可供書。鶯花對酒三春暮，風雅聞音百代餘。」這說明人家過着非常普通的日子嘛！

最後一點，嚴嵩在宜春和分宜兩個地方共修了四座橋，還修了很多的學堂，給老百姓們帶來了不少的好處。

壞人派 💬 嚴嵩要是好人的話，那天下就沒有壞人了！你們說那麼多，都是片面的。嚴嵩為什麼會有那麼多藏書？因為他貪污了很多錢，這才買得起那麼多書。他還從別人那裏搶了很多好書。

嚴嵩住的地方條件很差，那是因為那段時間他仕途不順。起先，皇帝不喜歡他，他為了保住自己的官位，所以故意裝窮。

嚴嵩修了很多橋和學堂，都是為了讓老百姓感謝他，記住他。

現在你們知道嚴嵩是一個什麼樣的人了吧？他特別會拍皇帝的馬屁。皇帝喜歡什麼他就做什麼，皇帝喜歡吃丹藥，他就千方百計找人煉

丹藥，還自己親自試吃，最後重金屬中毒。

晚年的嚴嵩覺得皇帝離不開自己了，就變得飛揚跋扈起來，不僅害死了好多大臣，對皇帝的態度也變得非常傲慢。這樣一個人，哪裏像是好人呀！

打仗是一門技術活

軍事專欄

打仗自古就是一門技術活，怎樣才能打贏，這是千百年來大家都在思考的問題。不過，不管打贏還是打輸，都要死很多人，所以有時候，還是應該想想辦法，盡量避免發生戰爭——至少別發生在自己頭上。

我舉個例子，今年六月份，蒙古的俺答率軍攻打大同。聽到這個消息，我真是擔心死了。我身為大同總兵，你說要是萬一打起來，肯定會有人受傷犧牲。如果對方攻勢太猛，說不定我自己也會遭殃。要是萬一打輸了就慘了，被敵人抓住，他們肯定會嚴刑拷打我。就算沒有被敵人抓住，被皇帝知道了，我也難逃一死啊。

於是我想了一個辦法，給蒙古人寫了一封信，請他們不要攻擊大同，去打其他地方。如果他們答應，我願意送錢給他們。蒙古人收了我的錢，同意了我的請求。

到了八月份，蒙古人轉而從古北口發動進攻，不再來騷擾我了。嘿，看來他們還是很守承諾的嘛！結果這一仗直接打到京城，把皇帝嚇住了。皇帝馬上下令，讓我們這些帶兵的回去抵抗。唉，沒想到，到最後還是逃不掉這一仗。沒辦法，我只好帶着隊伍趕回京城。

（口述人　大同總兵仇鸞）

蒙古人打過來了，我丁汝夔身為兵部尚書，自然要去指揮打仗。不過我考慮的不是如何去打敗敵人，而是向皇帝身邊的紅人嚴嵩大人請教，這仗該如何打。

嚴嵩並沒有直接回答我，而是對我說：「小丁啊，這場仗不好打呀，你想想，如果在塞外打仗，就算打輸了也沒有關係。反正皇帝隔得這麼遠，隨便撒個謊就行了。但是如果在京城打仗，那贏了就是贏了，輸了就是輸了。因為就在皇帝的眼皮底下，沒辦法撒謊啊！」

我聽了這話，覺得非常有道理，於是又問道：「依大人的意思，我這次要怎麼打才好呢？」

嚴嵩慢悠悠地問：「你覺得蒙古人打仗一般是為了什麼？」

我根據以前的經驗想了想，回答說：「一般都是為了搶東西。」

嚴嵩點了點頭，說：「對了，只要讓他們隨便搶，等他們搶夠了，自然就回去了。可是現在蒙古人就在京城。這個時候你出兵打他們，萬一要是輸了，皇帝一定會要了你的命。」

我覺得這番話太有道理了，於是不管蒙古人怎麼搶，我躲在家裏就是不出去。他們在城外燒殺搶掠了好幾天，最後帶着搶來的東西回去了。

這次我一個士兵都沒有損失，也沒有打敗仗。打仗可真是一門技術活。這次多虧了嚴嵩大人指點，我買了很多東西準備去感謝他。可就在這個時候，有人對我說，嚴嵩建議皇帝殺掉我，因為如果皇帝知道了是他教我不抵抗，那他就遭殃了，所以他想先下手把我幹掉。

嚴嵩真是個大奸臣。不過也怪我，如果當時我不聽他的，就不會出現今天這樣的情況了。

（口述人　兵部尚書丁汝夔）

我加入戚家軍了

今天，我終於加入了戚家軍，真是太高興了！

我們家世代都是在大海邊捕魚的漁民，本來日子過得還不錯，但是這幾年，有很多從日本來的倭寇經常騷擾我們，搶我們的魚，搶我們的船，而且殺人不眨眼，誰要敢反抗，一刀就割斷他的脖子。我的很多親人都這樣被他們殺掉了。

我非常想為他們報仇，但是我一個人實在是沒有辦法。幸好這個時候，我聽說有一個叫戚繼光的將軍組織了一支隊伍叫「戚家軍」，專門打擊倭寇，而且百戰百勝。我心裏非常激動，發誓一定要加入這支隊伍。

經過嚴格的訓練之後，我終於成了戚家軍的一員。而且我今天還見到了戚繼光將軍本人，他看上去真的非常威風。

我慢慢才知道，戚家軍之所以能打勝仗，除了戚繼光將軍指揮非常英明之外，還有一個重要的原因，就是我們的武器非常先進，有各種各樣的大炮，可以把敵人打得屁滾尿流。另外我們平時還積極操練戚將軍發明的獨門秘術 —— 鴛鴦陣。有了這些，倭寇休想再欺負我們。

雖然戚家軍的人數很多，但是每一個人都特別守規矩。戚將軍規定，我們在外面打仗的時候，誰要是敢騷擾老百姓，都要當場砍頭。所以我們每到一個地方，當地的老百姓都敲鑼打鼓，熱烈歡迎我們。

戚家軍台州大捷

各位讀者朋友，今年是嘉靖四十年（1561年），也是抗倭鬥爭進入高潮的一年。今年入春以來，已經有上萬名倭寇從台（音同胎）州東北的象山、奉化、寧海一帶登陸，圖謀不軌。我軍將領戚繼光迅速部署兵力，兵分三路，分別守住台州、海門和寧海。

現在前方局勢非常緊張，簡直是山雨欲來風滿樓。我們來連線《中國歷史報》駐台州現場記者，請看前方報道。

台州現場記者 💬 各位讀者，我現在位於浙江省台州市。這裏就是戚繼光將軍抗倭的現場。大家可以看到，我的周圍有很多鬥志昂揚的士兵正在操練。沒錯，他們就是今天的主角 —— 戚家軍。

請大家注意，遠處站在高台上、身穿紅色衣服的人就是我們的戚繼光將軍。他正在指揮戚家軍操練「鴛鴦陣」，作為戰前熱身訓練。

看，倭寇已經出現了！這些猥瑣而兇殘的敵人，以出其不意的方式，快速朝我軍衝殺過來。但是，他們很快嘗到了惡果，衝在前面的倭寇悉數落入我軍鴛鴦陣的包圍之中。這套陣法非常完美，以每十一個人為一組，各種兵器相互配合，有刀有槍（當然是指長矛槍），有盾有鉤，可進可退，可攻可守，簡直是三百六十度無死角。很快，落入包圍的敵人被各個分化、逐個消滅。

後面的倭寇心虛了，再也拿不出騷擾沿海居民的囂張氣焰來，轉而抱頭逃竄，於是局勢迅速逆轉。

看，戚家軍開始反攻了，本場戰鬥最為緊張、最為激動人心的時刻終於到來了。眾多的明軍將士在這一刻以百倍的勇氣，對倭寇進行了絕妙的反擊。戚繼光發揮出絕佳的軍事才能，體現了大明王朝威武不屈的精神。

漂亮！戰鬥在毫無懸念中結束，台州大捷，明軍萬歲！

（現場解說員　楊二車）

七嘴八舌　我所認識的俞大猷

編者按💬俞大猷（音同由），福建泉州北郊濠市濠格頭村人，明代著名民族英雄、抗倭名將、儒將、武術家、兵器發明家。他最主要的功績是領導抗倭戰爭。

兵部尚書毛伯溫💬💬💬嘉靖十四年（1535年）武舉考試，我恰好做閱卷老師，看到有一個學生寫了一篇文章叫《安國全軍之道》，講的是怎樣訓練部隊、保家衛國的道理。寫得太好了，我當場就錄取了他。這個人就

是俞大猷。看他這麼多年帶兵打仗，戰功赫赫，我當年可真是沒有看錯他啊。

金門老百姓 💬俞大猷將軍可是個大好人啊！他在我們金門做官的時候，有一年糧食收成不好，大家都沒吃的。俞大猷將軍知道了這件事，及時開倉放糧，救了不少人的性命。現在我們當地的老百姓都稱呼他為「俞佛」。他可真是老天派來的活菩薩啊！

海盜 💬以前海盜是一個非常好的職業，可以到處搶劫漁民的東西。官府的人就算知道了，也不能拿我們怎麼樣。我們的日子過得非常風光。

但是自從來了一個叫「俞大猷」的人，咱們這好日子就算是到頭了。誰要敢去搶老百姓的東西，被他碰到了，肯定要揍個半死。加上他天天練兵，整個金門現在守得像鐵桶似的，連蒼蠅都飛不進去。現在我們這些做海盜的，只要一聽到俞大猷的名字，就嚇得渾身發抖。

許紳自述　皇帝差點被人勒死

編者按 💬許紳，明代醫學家，京師（今北京）人，在壬寅宮變中冒死給皇帝下藥診治，挽回了明世宗的性命。以下內容來自許紳的自述。

今天一大早，天還沒有亮，我們太醫院的醫生就被緊急召入皇宮，說是有十萬火急的事情。我一開始還以為是哪個妃子得了急病呢，誰知道到了皇宮一看，躺在牀上的居然是皇帝（朱厚熜）。只見他脖子上有一

道傷痕，像是被繩子勒的，臉色發紫，呼吸也不正常，看上去快要死了。

我們趕忙問原因，原來是有幾個宮女昨晚企圖謀殺皇帝。宮女居然敢害皇帝，這可真是從古至今從來沒有過的事情啊！不過細細說起來，這皇帝也是活該。

皇帝一心追求長生不老，派人到處去找秘方。我們太醫院的大夫們已經勸過好幾次了。生老病死是人之常情，任何人都逃不過，根本就沒有什麼所謂的長生不老秘方。要想多活幾年，就要多鍛煉身體才是。

皇帝根本不聽我們的勸告。半年前有一個道士對他說，只要找一些年紀小的女孩子，用她們的經血製成丹藥吃下去，就一定可以長生不老。這可真是太荒謬了，世界上怎麼可能有這樣的事呢？可是皇帝偏偏信以為真，去民間找了好多個十二三歲的小姑娘，只准她們喝水、吃桑果，其餘的東西一概不准吃。幾個月下來，這些小姑娘一個個都餓得面黃肌瘦，骨瘦如柴。

於是這些小姑娘就在一起商量：「我們乾脆把皇帝殺了吧，總比我們都被餓死強啊！」說幹就幹，一個叫楊金英的小姑娘帶頭，趁着皇帝睡覺

的時候，用繩子勒住他的脖子。由於她太緊張，繩子被打了一個死結，皇帝只是暈過去了，並沒有死。

其中有一個宮女膽子很小，看到這一幕，馬上跑去告訴皇后。皇后急忙帶着人過來，把這些小姑娘抓住處死了。

雖然宮女們的行刺計劃沒有成功，但是皇帝因為被繩子勒得太久，也奄奄一息了。看到這樣的情景，太醫院的大夫們也束手無策，誰也不敢輕易用藥。皇帝現在還有一口氣呢，要是萬一喝了藥，一下子死了，那可是要殺頭的呀！

沒辦法，還是我冒險來試一下吧。我給皇帝開了一服藥，餵給他喝了。三四個時辰過去了，還是沒有一點動靜。我的心一直懸着，這藥萬一要是沒用，我的整個家族都會跟着遭殃啊！又等了很久，皇帝忽然咳嗽幾聲，吐了一大堆紫色的血，然後開口說話了。我的心這才慢慢地放下來。

皇帝醒了之後，賞賜了我不少的東西。但是我回家不久，就感覺身體不適，很快就病倒了。我的家人非常着急，找了很多醫生來看，可是都沒有用。我自己是醫生，知道自己的病是怎麼來的。我對家人說：「你們也不要再費心了。上次給皇帝看病，我太緊張，受了驚嚇，所以才導致身體不適的。這是心病，沒藥可治。」

唉，如果有下輩子，我真希望自己能做一個普普通通的醫生，不想再為皇帝看病了。

什麼事情最荒唐

　　上次皇帝差點被宮女勒死的事情，發生在嘉靖二十一年（1542 年）。那一年是壬寅年，所以那次宮變被史官們稱為「壬寅宮變」。壬寅宮變發生之後，很多人議論紛紛，都說這幾年的事情越來越荒唐了。

　　那麼大家心裏覺得最荒唐的事情是什麼呢？今年大調查的主題不再是「你幸福嗎？」而是「你覺得什麼事情最荒唐？」看看大家都是怎麼說的吧。

　　皇帝 💬 最荒唐的事情就是，我差點被幾個女人勒死。這群人真是瘋了，居然敢對我動手！還好我福大命大，加上菩薩保佑，才逃過一劫。為了避免以後再出現這樣的事情，我要搬出皇宮，住到西苑去。

　　朝廷某大臣 💬 這二十幾年，我們見到皇帝的次數用十個手指頭就可以算出來，你說這是不是最荒唐的事情？歷史上這麼多皇帝，你見過這麼不喜歡上朝的嗎？太祖皇帝朱元璋辛辛苦苦打下的江山，到了咱們皇帝手裏，居然什麼事情都不管，實在是太不像話了！

　　孫明（邊關將領） 💬 不發軍餉還要幹活，算不算最荒唐的事情啊？我們當兵的已經好幾個月沒有發軍餉了，聽說咱們的軍餉都被那些當官的貪污了。可是蒙古人卻隔三岔五到我們邊境來搶東西，皇帝一心就知道煉丹藥，根本不管我們的死活！

　　李歐（百姓） 💬 一個村子裏竟然有十來座寺廟，這也太荒唐了吧！皇帝一道命令接一道命令，說要我們多修一些寺廟給他祈福，讓菩薩保佑他長生不老！可是一年到頭修寺廟，我們哪有時間搞生產啊？現在沒人耕田，沒人種地，我看這日子沒法過了！

（金牌調查員　馮田）

有個官員買好了棺材等死

　　淳安縣出了一件稀奇事，轟動全國。淳安的知縣叫海瑞，他把家裏的僕人都遣散了，向妻子兒女做了最後的道別，遺書也寫好，然後去街上買了一口棺材，說是給自己準備的。他的妻子兒女哭得像淚人。滿城的百姓都出來看熱鬧了。

　　這海瑞到底在幹什麼呢？該不會就是為了吸引大家的眼球吧！經過本報記者的多方打聽，才知道這海瑞是遠近聞名的大清官。他做了很多年的官，家裏一分錢存款都沒有，穿的衣服都是補丁摞補丁的。

　　海瑞這麼做，是一心為了國家。這些年皇帝完全不管國家大事，一心想着修煉長生不老之術。海瑞看在眼裏，急在心裏。於是他給皇帝寫了一封信——《直言天下第一事疏》，裏面大罵煉丹藥和修煉長生不老之術是騙人的。他知道皇帝看到這封信，說不定會大發脾氣把自己殺掉，於是他事先準備好棺材，表明自己就算死也一定要為天下百姓說話的決心。

　　很多老百姓知道事情的真相以後都非常感動。現在大部分的官員都一心想着怎麼多貪污一點錢，只有海瑞一心為天下百姓和江山社稷着想，大家都覺得皇帝也一定會感動的。誰知道皇帝看了這封信，不僅沒有感動，反而把海瑞關進牢房了。

（特約記者　夏宇）

幸運的新皇帝

　　即使煉了那麼多的仙丹，找了那麼多長生不老的秘方，皇帝朱厚熜還是得病死了。

　　朱厚熜死了之後，他的第三個兒子朱載垕（音同后）繼承了皇位。很多人都在想：朱載垕不是皇帝的第一個兒子，居然還能繼承皇位，他皇帝老爸一定非常愛他吧？

　　事實完全相反，朱載垕因為不是長子，加上他老媽杜康妃不怎麼受皇帝寵愛，皇帝自然也沒什麼時間去看他。有了這兩個原因，朱載垕小時候可沒享受到多少父愛。他十六歲時被封了裕王，就離開京城去了外地，一年到頭都見不到自己的爹。

　　皇帝朱厚熜特別怕死，除了整天煉仙丹之外，還特別迷信。有個道士說：「皇上，我給您算了一卦。卦象上顯示『二龍不相見』，您最好不要經常去見您的兒子們，見多了怕對您不利！」皇帝聽了這話，馬上下令：「所有的皇子，誰都不准回來看我！我還想多活幾年呢！」

　　因為這句話，朱載垕只好老老實實待在自己的地盤上，做了十三年裕王。這些年裏，朱載垕的大哥和二哥都相繼得病死了，於是本來排名第三的朱載垕一躍變成老大。他爹死了之後，這皇位自然也就是他的了。

　　朱載垕在外地做了十三年的裕王，對民間疾苦非常了解，老百姓想要一個什麼樣的皇帝他也知道。真希望他能做一個好皇帝。

（特約評論員　朱大奇）

一個道士的來信

親愛的編輯：

咱們這位新皇帝（朱載垕）就是一個典型的敗家子啊！他爹（朱厚熜）在世的時候，為了尋求長生不老的秘方，在皇宮內外建了不少廟宇道觀。可是這新皇帝一上台，就像個拆遷隊隊長似的，「嘩啦啦」把這些廟宇道觀全部拆掉，還發表言論說這個世界上根本就沒有得道成仙這回事。最近還聽說他準備把我們這些和尚、道士都趕出皇宮呢！

先皇花了那麼多錢才建了這些廟宇道觀，養了我們這些和尚、道士。我們天天敲鐘唸佛、捉鬼除妖就是為了給先皇祈福啊！如果不是因為我們，先皇早就被那些宮女們勒死了；如果不是因為我們，說不定大明的江山早就被蒙古人搶走了呢！

還有，咱們的新皇帝在兄弟中排名第三，皇帝的位置本來不是他的，可是恰好他的哥哥們都死掉了，所以這小子才撿了個大便宜。依我看，這都是神仙保佑的結果。可是這小子一當上皇帝，不僅不感謝上天對他的眷顧，反倒下令拆除廟宇道觀。這讓老天爺知道了，可是會懲罰他的呀！

說了這麼多，其實最重要的一點就是，以前先皇在世的時候對我們百依百順，給我們吃香的喝辣的，可是現在新皇帝要把我們趕出來，我們這日子可怎麼過啊！

我拜託貴報一定要幫我狠狠批評朱載垕的這種做法，讓他繼續把我們留在皇宮。

一個可憐的道士

海瑞今天出獄

　　大家還記得那位自己買好棺材，給皇帝寫信，結果被丟進監獄的大清官海瑞嗎？新皇帝一上台就把他從監獄裏放出來了。這可是一件大喜事呀！全國各地很多老百姓都趕來迎接海瑞出獄，把監獄門口都給擠滿了。

　　海瑞出來的時候，很多人都給他送了鮮花，還有很多人激動得哭了。本報第一時間邀請海瑞做了一個專訪，了解一下海瑞出獄的心情。

記者　　海瑞大人，您今天出獄，請問現在的心情怎麼樣？

海瑞　　心情非常激動。看到這麼多人來迎接我，我很感動。咱們這位新皇帝，可比他爹爹厚道多了。我一會兒要去皇宮見他，感謝他讓我重獲自由，還官復原職。

記者
您因為給先皇寫了一封信，所以才被抓進監獄。您在獄中有沒有後悔過？

海瑞
從來沒有。我當時給自己準備好了棺材，就沒有想過活着出來。如果是為了自己的利益，不顧老百姓的死活，這就不是我海瑞了。

記者
那您這次出獄以後，還會像以前一樣替老百姓說話嗎？

海瑞
當官不為民做主，不如回家賣紅薯。不管皇帝要不要聽，我反正還是會像以前一樣，碰到我應該說的事就一定要去說。就像元朝戲曲家關漢卿說的那樣，「我就是一顆砸不扁、咬不爛、煮不熟，響當當的銅豌豆」。

外交新聞 隆慶議和是一個意外

今天是我朝的重大日子，因為以前一直和我們打仗，搶我們東西的蒙古人今天和我們議和了，還要求和我們做生意。皇帝一口就答應了，還封他們的首領俺答汗做了順義王。當今皇帝的年號叫「隆慶」，所以這次議和就叫「隆慶議和」。

困擾多年的邊境問題順利解決了，皇帝高興得整天都哼着小曲呢！不過，我們聽說蒙古人議和並不是因為他們害怕咱們，而是發生了一個意外事件。既然這樣，我們去採訪一下，好弄清楚到底發生了什麼事。

把汗那吉（蒙古大汗俺答汗的孫子） 💬唉，這件事說起來可真是氣死我了。我從小就最崇拜我爺爺俺答汗，可是誰知道，原來他不是一個好爺爺。

這麼跟你說吧，我上次看中了一個美女，準備娶她回家。沒想到，從小最疼愛我的爺爺，居然把這個姑娘許配給了草原上另外一個部落的首領。真是太可氣了！你們說，如果換了是你們，會不會生氣？

阿力哥（俺答汗的部下，把汗那吉的好朋友） 💬這件事我可真不願意說。咱們大汗也真是的，怎麼能把自己孫子喜歡的姑娘送給別的部落呢？

我跟把汗那吉是從小一起長大的好朋友，他的性格我最了解不過了，是一個脾氣火暴的人。這件事發生之後，他氣勢洶洶跑到我這邊，說乾脆投降明朝算了。我嚇了一大跳，趕緊勸他：「咱們蒙古人這麼多年沒少搶人家明朝的東西，要是投降了，咱們大汗被氣死不說，明朝皇帝未必會給我們好果子吃，說不定正好一刀把我們的頭給割下來。」

可是把汗那吉哪裏聽得進我的勸告，執意要投降。看到好朋友這樣，我也只好跟着他投降明朝了。

俺答汗（蒙古大汗） 💬我孫子真是要把我氣死啊！他要發脾氣也可以，但是怎麼能跑去投降明朝呢？還帶走了我的得力大將阿力哥和那麼多部隊。這小子是不是腦子進水了啊！

孫兒啊，這件事是爺爺錯了。你想要什麼樣的美女，爺爺都可以找給你，只要你趕緊回來。糟糕！明朝人不會趁機殺了我的寶貝孫子吧？不行，我還是帶人去把他救回來吧！

朱載坖（明朝皇帝） 💬這蒙古人到底是怎麼回事啊？玩兒過家家啊？先是孫子把汗那吉帶着大軍過來投降我們，還說和他爺爺鬧了矛盾，

不準備回去了。沒過幾天，這做爺爺的俺答汗又帶着十萬人的軍隊過來，說要救他的孫子。真是搞笑！他孫子是自己過來的，又不是我們抓過來的，帶這麼多兵過來是什麼意思啊？想打架啊？

大臣張居正和高拱都說，這是人家的家事，犯不上我們插手，不過可以趁這個機會跟他們好好兒談判一下。現在俺答汗不是要孫子嗎？咱們和他交換就是啦！他們那邊有一個叫趙全的人，本來是我們明朝的子民，已經投奔蒙古十多年了。這些年，趙全沒少出餿主意，給我們大明製造了不少麻煩。如果用把汗那吉交換趙全這個賣國賊，咱們也不吃虧嘛！

我覺得他們說得很有道理，就這麼辦吧！

後續報道 💬這次事件得到了圓滿的解決。第二年，皇帝封俺答汗為順義王，還答應跟他們做生意。雙方約定不再打仗，這可把俺答汗高興壞了！

（特約記者　馮田）

百姓生活　我今年的生意經

今年我的生意真是好得呱呱叫，每天數錢數得手抽筋，做夢都會笑醒了。這些都是託了咱們好皇帝的福啊！

以前我們跟蒙古人的關係一點都不好。他們隔三岔五到我們邊境上搶吃搶喝。這樣一來，我們別說是做生意了，就是在邊境地區生活，都要學幾招武功隨時防身。

但是現在咱們的皇帝採取了新政策，與蒙古的俺答汗議和了，封他

做了順義王，又派了戚繼光、王崇古到長城邊境上守着，使那些蒙古人不敢亂來。我們聽到這個消息，都高興得不得了，知道這下發財的機會來了。

終於可以正常做買賣了。我們很快就從內地買了不少絲綢、茶葉和鹽巴，這些東西都是蒙古人日常生活離不開的。我們將這些東西運送到蒙古，狠狠地大賺一筆。然後我們以非常低的價格從蒙古人手裏買了不少駿馬、綿羊和動物的毛皮帶到內地，剛一上市就被搶購一空。哈哈，大家都說蒙古人的牛、馬、羊和毛皮的質量特別好，即使貴一點也沒有關係。

雖然做生意有些辛苦，但這樣一來，白花花的銀子就源源不斷地進入我的荷包。哎呀，我真是太幸福了！

（邊境商人　賈富供稿）

訃告天下

皇帝朱載垕駕崩

大明子民：

我朝皇帝（朱載垕）因病醫治無效，於隆慶六年（1572 年）四月二十六日駕崩，享年三十六歲。他是我們大明朝的第十二位皇帝，三十歲即位，在位時間僅六年。

皇帝剛剛繼位的時候，積極處理各種朝廷大事，加上高拱、張居正等得力大臣的幫助，一度把國家治理得很好。但是他在位的後幾年，沉迷於媚藥，也就不理朝政了。

皇帝死後葬於昭陵，把皇位傳給了自己年僅十歲的兒子朱翊鈞。特此訃告。

大明朝皇家治喪委員會

1. 哪個不怕死的官員買好了棺材向皇帝冒死進諫？

   A. 嚴嵩　　　B. 海瑞　　　　C. 戚繼光

2. 以下三位愛國將領，哪一位沒有參與抗倭戰爭？

   A. 于謙　　　B. 戚繼光　　　C. 俞大猷

3. 「隆慶議和」之後，大明和哪一個部族建立了友好通商關係？

   A. 日本國　　B. 女真部落　　C. 蒙古部落

答案：1. B　2. A　3. C

大明末路

一五七三年～一六四四年

◎這是一段曲折的歷史：首輔張居正生前享盡榮華富貴，死後卻被開棺鞭屍。

◎這是一段稀奇的歷史：大臣竟敢罵皇帝酗酒、貪財、好色，而且愛生氣。

◎這是一段混亂的歷史：朝廷打仗上了癮，國內打完跑到國外繼續打。

◎這是一段荒誕的歷史：皇帝愛做木匠活，光着膀子就開工。

◎這是一段神秘的歷史：「王恭廠爆炸之謎」，驚天動地，至今無解。

◎這也是一段無奈的歷史：造反頻發，大廈將傾，皇帝接連寫了六份檢討書。

◎錯過本期，你將錯過一個王朝最無奈的抗爭和最無助的終結。讓我們一起目送這個由貧民創立的王朝，在歷史的舞台上幾經喧囂，最後緩緩落下帷幕吧。

小皇帝的登基儀式

老皇帝朱載坖死後，十歲的兒子朱翊鈞即位。別看這新皇帝年紀小，但是禮儀方面卻非常在行。

大臣們請朱翊鈞參加登基儀式，但是他說爹爹剛死，自己非常難過，沒有心情考慮這些事情。大臣們懇求了三次，他才勉強答應。對於這件事，不同的人看法不一樣，主要有以下兩種。

第一種：別看新皇帝年紀小，但是對他爹的感情還是非常深厚的，也非常懂得禮儀和謙讓。皇帝這個位置很多人都搶着坐，他卻相反，別人求着他坐，還要推辭一番。我看這小孩真是不簡單，以後一定會是一個好皇帝。

第二種：小皇帝才十歲，還是個乳臭未乾的娃娃呢，哪裏懂得推辭大臣們讓他做皇帝的禮儀啊？而且推了兩次，這肯定是有人讓他這麼做的。依我看，這是小皇帝和大臣們合演的一場戲，是給天下老百姓看的，目的就是讓天下人讚揚這個小皇帝懂事。這些人可真是虛偽啊！

（本報記者　李厚生）

我的兩個媽媽

我從小就有兩個媽媽，一個是親生媽媽李貴妃，一個是我爹的正妻陳皇后。很多人都認為我不是陳皇后生的，所以她肯定不會喜歡我。實際上才不是這樣的呢。我的這兩個媽媽都非常喜歡我，而且她們之間的關係也非常好。

雖然陳皇后的身體一直不好，沒有和我們住在一起，但是我媽媽李貴妃每天都會帶我去看她。陳皇后就算身體不舒服，只要聽到我的腳步聲，就會到門口來迎接我，有什麼好吃的東西都留着等我一起吃。陳皇后身邊的宮女告訴我，只要我去看望了，陳皇后的病都好像好了一大半呢。

我做了皇帝之後，封陳皇后為「仁聖皇太后」（即陳太后），封我親媽為「慈聖皇太后」（即李太后），還下令把她們住的宮殿好好兒裝修了一遍。

這兩個媽媽都愛我，我也非常愛我的兩個媽媽。

特別報道

「一條鞭法」和「考成法」

大明朝建立兩百年了，其間不斷折騰發生了很多事情，朝廷上下也產生了不少弊端，老百姓為此叫苦不迭。

萬曆皇帝（明神宗朱翊鈞）登基後，任用的內閣首輔張居正是個有魄力的人。他大刀闊斧實行改革，改革的項目很多很多，足以讓人看花了眼。其實簡而言之就是兩個條款，共七個字：「一條鞭法」（取消用實物交稅的規定，統一換成以貨幣交稅）「考成法」（對各級官員進行業績成效考核）。

為慶祝「張居正改革」順利實施一週年，本報記者特地採訪了各界人士，聽聽大家對「一條鞭法」和「考成法」的意見。

還是《一條鞭法》好！

農民張某 💬「一條鞭法」好呀！想當初，我們要交的稅太多了，亂七八糟的，連名字都說不上來。我們交不起租子，就得拿自家出產的東西來抵，產蘋果的交蘋果，產茶葉的交茶葉。這些東西都是我們從牙縫裏省出來的，自己都捨不得吃，可縣太爺還老是挑三揀四的，一會兒說我們的蘋果小了，只能算一半，一會兒說我們的茶葉品相太差，不能算數。總之就是變着法子克扣我們的東西，要我們多交一些。現在有了這「一條鞭法」，不用交各種各樣的苛捐雜稅了，統一按一個名目交錢就行。每家該交多少，已經交了多少，都在賬本上寫得清清楚楚、明明白白。那些當官的休想再胡亂貪污我們的血汗錢！

縣衙庫房保管員 💬我在縣衙當差十幾年了，從來沒有像今年這麼開心過。說起來，真得感謝這「一條鞭法」。以往啊，一到收稅的時候，我們就忙得不可開交。縣衙裏熱鬧得跟個菜市場似的，有提着雞鴨來交稅的，有挑着棉花來交稅的，還有扛着蘿蔔來交稅的。登記這些亂七八糟的賬目就夠我們受的了（只要有好東西，縣太爺都要拿一份回家，那些我們就不入賬了）。

好不容易東西都入庫了，保管起來也麻煩。我記得去年這個時候收過一批蘋果，沒幾天就爛得差不多了，結果縣太爺還說是我沒有保管好，要我賠。更可氣的是，我好歹也算個按月領工資的政府工作人員，可政府發不出錢來，硬是把收上來的一大堆藥材塞給我當工資。您說這算什麼事啊？

這叫雁過拔毛……

現在有了這「一條鞭法」，交稅的賬目少了，稅收保管起來也方便了。我們發工資時還能領到白花花的銀子。您說我能不高興嗎？所以，我舉雙手支持「一條鞭法」。

政府官員李某 💬 你問我對「考成法」怎麼看？我告訴你，我們這些當官的人都恨死這「考成法」了，它簡直就像一道緊箍咒，都快把我們給逼瘋了。

以前，我們想幹活就幹活，想不幹活就不幹活，反正沒人管。可這「考成法」一開始實施，我們就慘了！每個月初都得交一份工作計劃，到月底核對，完不成的就升不了官、還扣工資，搞不好還會丟了烏紗帽。什麼，你說謊報工作業績？別，別，千萬別！上個月我一個同事就因為在月底總結工作的時候多報了幾個項目，結果被查出來，馬上就「咔擦」了！

哎呀，時間不早了，不跟你說了。衙門裏還有一大堆事情等着我呢。

（特約記者 林大宇）

張居正被抄家

　　先皇臨死的時候，因為皇太子年紀太小，不放心，所以特地任命了好幾個得力的大臣，讓他們好好兒輔佐皇帝。張居正就是其中一個。這張居正呢，對皇帝挺忠心，也非常有能力。正是有了他的幫助，皇帝處理國家大事才沒有出什麼大差錯。張居正這一輩子與皇帝的關係到底是什麼樣的呢？請看下面的報道：

報道一

　　小皇帝對張居正很尊敬，見到他都不直接叫名字，而是稱呼他為「先生」。有一次張居正說肚子疼，小皇帝馬上親手給他煮了一碗麵，放了一大堆辣椒在裏面，說吃了辣的東西肚子就不痛了，把張居正感動得稀裏嘩啦。不過，麵裏放了這麼多辣椒，張居正吃了只怕肚子會更痛吧？

報道二

　　有一年過元宵節，小皇帝想搞一個焰火晚會來慶祝一下，但是張居正不同意，攔着說：「皇上呀，你找些燈掛着就行了，不要放煙花了。以後你要結婚，你弟弟也要結婚，這些都要花錢的，還是省着點花吧！」

　　小皇帝倒是非常聽話，趕忙點了點頭，說：「我知道老百姓賺錢不容易。那就按照先生說的去做吧。」

報道三

　　前幾天傳來消息，說張居正的父親死了。按照我朝慣例，父親死了，兒子不管在做什麼，都要回家守孝，即使像張居正這樣的大官也不

能例外。

可是小皇帝卻說，他和國家都離不開張居正。再說這人都已經死了，兒子回去也不能讓他再活過來。如果張居正要回去，這麼多國家大事沒有人管，豈不會亂套？不准回去！

皇帝這種做法也有過先例，叫「奪情」，當然也體現了皇帝對張居正的重視。不過其他的大臣們可不幹了。按照以往的慣例，父母死了之後回去守孝，這算是盡孝道。張居正如果不回去，就會給天下的老百姓，特別是讀書人做一個壞榜樣。這怎麼行呢？

於是眾大臣們集體向皇帝抗議，可是皇帝把手一揮：「好了，不要再說了，就這麼着吧。」

報道四

張居正死了之後，皇帝悲痛萬分，停止上朝一天，還給他兒子封了一個大官，給他們家送了五百兩銀子。

報道五

張居正才死了不到兩年，事情忽然發生了 180 度的大轉彎。皇帝翅膀硬了，對一直嚴格管教自己的張居正十分不滿。當年無限風光的張居正，忽然之間就被皇帝抄家了。張居正的住所也被封了，家裏十幾口人被困在裏面不准出來，最後被活活餓死了。他的兒子自殺身亡，最後他那八十多歲的老母親差點流落街頭。在內閣首輔申時行的極力勸說下，皇帝才勉強答應給張居正的老母親保留十畝地和一座房子。

皇帝在抄家的時候發現，張居正根本不像他表現的那樣，一心為天下百姓着想。他貪污了很多錢，建了一座非常豪華的房子，還霸佔了嚴嵩以前的一座別墅。

皇帝知道了這些之後，非常生氣 —— 想當年元宵節，我說要放個煙

花，你都不同意，說浪費錢；現在你自己家卻藏了這麼多錢。於是皇帝決定，把從張居正家裏搜出的銀子全都收歸皇帝自己使用。

此外，張居正以前對其他的官員非常嚴厲，只要稍微犯一點兒錯，就嚴厲批評。張居正的改革，更是損害了不少人的非法利益。他在世的時候，大家自然是敢怒不敢言。現在正好遇到這個機會，官員們紛紛落井下石，數落張居正的不是。

張居正一定不會想到，當年和他關係那麼親密的皇帝，在他死之後竟然這麼無情地對待他。想想張居正的一生，真是讓人非常感慨呀！

（特約評論員　陶三）

記者
述評

皇帝的委屈

皇帝朱翊鈞有很多愛好，比如喝酒。他沒事就喜歡來一瓶小酒，再弄幾個下酒菜（當然不只是花生米），一口下去，美得他哪！不過他的酒量不大，經常喝得醉醺醺的。

平常人喝醉了酒喜歡撒酒瘋，皇帝也不例外。有一次，朱翊鈞喝醉之後，硬是逼着身邊的太監唱歌給他聽。偏偏那個太監五音不全，擔心三更半夜在宮裏「鬼哭狼嚎」會引起公憤，因此打死都不肯唱。於是皇帝發起酒瘋來，責怪這太監抗旨不遵，拔出劍來就要砍他的腦袋。周圍的人勸了一晚上才勸住。

還有一次，皇帝喝醉了酒，無緣無故把馮大伴（即陪着皇帝長大的太監馮保，和皇帝的關係非常親密，被稱為「大伴」）的兩個乾兒子打得鼻青臉腫，還跑到馮保的府上，把他一頓臭罵。李太后聽說後羞愧不已，

覺得自己這家長沒當好，於是拖着皇帝到列祖列宗的牌位前認錯，還說要把皇帝廢掉。這話把朱翊鈞的酒都嚇醒了，忙不迭地向祖宗磕頭賠罪。

除了喜歡喝酒之外，皇帝還有一些別的毛病，比如喜歡隨手撈點銀子，比如偏愛聰明美貌的鄭貴妃……如果有人說他的不是，皇帝也會像平常人一樣大發雷霆。

按理說，皇帝是一國之君，無論說什麼做什麼，只要不是太出格，都沒有人敢說一個不字。可偏偏有人喜歡撩虎鬚，逼着皇帝為他的這些小愛好買單。

這個不把皇帝放在眼裏的人是大理寺一個叫作雒（音同洛）于仁的官員。這個膽大包天的小子一點面子都不留，寫了一封信把皇帝罵了個狗血噴頭。信中分別列了四條罪狀：酗酒、貪財、好色、愛生氣。

咱們這皇帝可沒有唐太宗的度量，他氣得當場發作：「這都是我的私事。他又不是我的爺爺，憑什麼管我啊！他說我酗酒，難道你們都不愛喝酒？天下的老百姓從來沒有人喝醉過？他居然說我貪財，真是好笑。

這全天下都是我的，我還要貪財幹什麼啊？說我好色，不就是因為我喜歡鄭貴妃嗎？可是你們想想，這鄭貴妃勤勤懇懇，對我又特別好，我喜歡她也是應該的啊！至於我愛發脾氣，你們要是看到別人做錯事，難道不會教訓他們嗎？你們說說，我哪一點有錯啊？這該死的家夥口口聲聲說我不對，我看他是活得不耐煩了。給我拖出去亂棍打死！」

內閣首輔申時行一看情況不對，馬上賠着笑臉對皇帝說：「皇上，您千萬不可以殺掉雒于仁啊。您想啊，如果您殺了他，那天下人會以為他說的是真話，您是由於心虛才殺他。可如果您放過他，那天下人就會覺得您是個好皇帝。」

皇帝想了想，說：「說得有道理。不過這家夥實在是太可惡了！既然不能殺他，那就把他頭上的烏紗帽取下來，讓他滾蛋！」

唉，想當年，唐朝的魏徵總是給唐太宗提這樣那樣的意見，結果唐太宗不僅不生氣，還表揚他。雒于仁碰到了咱們這位皇帝，可就沒有這個好運氣嘍！

戰地新聞　平定哱拜叛亂

以前跟我們和平談判、互相做生意的俺答汗前一陣子忽然得病死了。他死了倒是沒什麼，不過有人趁着這個機會打起了壞主意。

蒙古的韃靼部落首領哱（音同波）拜聽說俺答汗死了，正是沒人管事的時候，於是勾結俺答汗留下來的兵馬，跑到寧夏，準備對大明朝發動戰爭。

發動戰爭可不是小事，這麼多的兵馬，動靜特別大。很快，皇帝就

知道了，於是召集群臣商量對策。大臣們七嘴八舌出了很多主意，有的還是餿主意。

兵部尚書想到了一個主意，說：「咱們可以把黃河的堤壩挖掉，將黃河水引到寧夏去，把敵人淹死！」御史卻說：「這個主意不靠譜，還是讓遼寧總兵李成梁帶人去收拾這群不知天高地厚的家夥吧。」甘肅巡撫葉夢雄更直接，說：「皇上，您就派我去吧，我保證把哱拜趕得遠遠的。」

這三個辦法擺在皇帝面前，不知道用哪一個為好。皇帝想了半天，說：「嗯，這三個辦法都不錯，咱們就都採用吧。」

辦法多了，總有一個管用的。果然，這三個辦法一起奏效，把哱拜弄得手忙腳亂，狼狽不堪，被葉夢熊團團包圍。哱拜內部也發生了很多爭鬥，最後哱拜全家都被殺了。

（特約記者　林大宇）

信息速遞　播州之役

播州位於四川、貴州和湖北中間，地理位置特別好，易守難攻，還生產糧食，總之是一個好地方。這個地方的宣慰司使叫楊應龍，他是當地世襲土司，朝廷通過他才能管理到當地民族。這個人不像個做官的，倒像是個黑社會的老大，在當地搶劫殺人，無惡不作。萬曆十七年（1589年），楊應龍還公開造反。

但是明朝政府不知道拿這個人怎麼辦。跟他打吧，一時半會兒打不下來；要是不打吧，又咽不下這口氣！楊應龍是一個非常狡猾的人：一方面呢，他拿了不少錢給皇帝，說自己平時做了很多錯事，拿錢抵罪；

另外一方面呢，他卻帶着士兵佔領了周圍很多的地方。

楊應龍這種「今天投降，明天反悔」的行為徹底把皇帝惹毛了：「你以為是在玩兒過家家呢？」於是，皇帝派楊國柱將軍去剿滅他。楊國柱這個窩囊廢顯然打不過這個地頭蛇，不僅自己丟了性命，還搭上了 3000 名士兵的生命。

皇帝一看陣勢不對，趕緊從各地把最好的部隊和最厲害的將軍調過來，一鼓作氣打到楊應龍的老家，逼得他自殺，還抓了他幾個親人，總算是解決了皇帝的心頭大患。

（摘自《時事縱橫》欄目）

新書快訊 《西遊記》簡介

作者：吳承恩

章回數量：100 回

主要人物：唐僧、孫悟空、豬八戒、沙僧、觀音菩薩、如來佛、玉皇大帝、東海龍王等

出版時間：明朝中期

價格：20 個銅板

有這麼一本書，裏面有很多能騰雲駕霧的神仙，有各種神奇的法術，有各種擁有奇異本領的妖怪。這本書的名字叫《西遊記》，說的是唐朝一個叫三藏的和尚，他一心向佛，長途跋涉去往西天取經的故事。他有三個徒弟，一個叫孫悟空，一個叫豬八戒，一個叫沙僧，都是擁有一身好本領的神仙。他們在路上遇到了很多妖怪，他們能打得過這些妖怪

嗎？這樣一個神仙和凡人的組合，最後能取到真經嗎？

有一隻從石頭縫裏蹦出來的猴子，卻讓玉皇大帝和東海龍王都怕他三分。他搶走了東海的定海神針，還把天宮弄得亂七八糟。誰能制伏他？他這麼大的本事，為什麼卻怕一個最普通的凡人？

有一個和尚，本來是一個很普通的人，肩不能挑，手不能提，為什麼所有的妖怪都想要吃掉他？很多妖怪都把他抓住了，但是最後卻為什麼都沒有成功地吃掉他呢？

一把什麼樣的扇子，能熄滅常年不滅的火？天不怕，地不怕的孫悟空，最害怕的一句咒語是什麼？一切答案，盡在《西遊記》！

戰地報道　抗日援朝

我們的軍隊這幾年特別忙，在國內打仗打得不亦樂乎，還要負責出國打仗。

打仗是日本人的愛好，加上這幾年日本國力強盛，人口也增加了，手握日本大權的豐臣秀吉心裏直癢癢，於是下令攻打朝鮮。恰好這幾年，朝鮮的國王李昖（音同言）光顧着玩兒，已經有好久沒有訓練軍隊了。兩軍一交戰，實力就很懸殊，沒有經過大陣仗的朝鮮人遇到氣勢洶洶的日本人，只有落荒而逃的份兒。逃跑的人群裏除了老百姓以外，居然還有朝鮮國王李昖！

看到朝鮮國王都跑了，日本人更加肆無忌憚。他們跑到朝鮮的首都大肆燒殺搶掠一番，把王宮啊、王陵啊，都砸了個稀巴爛。朝鮮國王有家不能回，只好哭着喊着來到了我們大明朝，求我們出兵幫助。

我們跟朝鮮的關係一直不錯，如果朝鮮被日本人佔了，那下一個遭殃的就是我們了。考慮再三，皇帝（朱翊鈞）答應了朝鮮國王的請求，派了一支隊伍去支援他們。可惜這支隊伍因為不熟悉情況，才過去沒多久就被日本人幹掉了。

本着幫忙幫到底、送佛送到西的精神，大明朝的皇帝又派了一支四萬人的隊伍過去。這下情況可不一樣了，我們的隊伍把日本人打得人仰馬翻，逼得他們連連說：「不打了，不打了，咱們還是議和吧！」

議和當然是個好消息，不過日本人太狡猾了，提出了很多無理的要求。雙方談來談去談崩了，於是只好再次開戰！

這一次咱們派去的人更多了，加上朝鮮方面的配合，很快就把日本人趕回了老家！

（通訊員　明軍將領李如松）

情報速遞　太醫院對皇帝的診斷書

根據我們太醫院的歷史記錄，咱們歷朝的皇帝都想要多活幾年，甚至想要長生不老。為了達到這個目的，他們都不約而同地選擇了同一種方法 —— 煉仙丹，尋找長生不老的秘方。

雖然我們每次都跟他們說，想要長壽，還是要多鍛煉身體！可是沒有人聽我們的，咱們的皇帝（朱翊鈞）也不例外。他十歲登基，在位四十八年，比起他爹和他爺爺來說，已經算是長壽的了。

雖然活得比較久，不過皇帝的身體狀況一直都很差。二十幾歲按理來說應該是身體最好的時候，但是皇帝經常覺得頭暈，沒有力氣。過了

幾年，他又說自己腰疼，腿腳沒有力氣。再過幾年，他乾脆把遺囑都寫好了。由於身體不好，他基本不上朝，也不管事。

其實他就是因為喝了太多的酒，加上縱情聲色，一點都不注意保養自己的身體，所以才會這樣。

（太醫王某　供稿）

宮廷八卦　暗殺太子的人到底是誰

今天下午，有個壯漢拿着棍子闖進太子的住所，準備給太子朱常洛一悶棍。還好宮中的侍衛及時發現，把他抓住了。經過審問，這個壯漢說他只是一個農民，什麼都不懂，是鄭貴妃身邊的兩個太監給了他很多錢，讓他殺死太子，於是他就來了。皇帝聽了這話，下令把這兩個太監立即處死。這件事就這麼過去了。

不過跟各位說一個秘密，事情根本就沒有這麼簡單。你們想，宮中那麼多的侍衛，要是平時，蒼蠅都飛不進來，一個農民是怎麼進來的呢？又是怎麼找到太子住所的呢？這一定是有人特地把他帶進來的。

還有，這個農民跟太子無冤無仇，為什麼一定要殺死他呢？此外，鄭貴妃身邊的那兩個太監也很奇怪，殺了太子對他們有什麼好處呢？所以說，這件事情的真相是——策劃殺死太子的元兇其實是鄭貴妃。

這可不是瞎說哦！鄭貴妃生了一個兒子，她一心想讓自己的兒子做太子，但是大臣們極力反對，死也要支持朱常洛做太子。鄭貴妃雖然很生氣，也沒有辦法，這才想出一個殺死太子的辦法。

（通訊員　郭良田）

皇帝的死亡之謎

　　短短一個月，我朝居然死了兩個皇帝。這可真是千古奇聞啊！首先是明神宗朱翊鈞去世了，太子朱常洛繼位。朱常洛得到這個皇位可真是不容易啊，等了接近四十年，終於實現了願望。可是誰也沒有想到，朱常洛才做了一個月的皇帝，連陵墓都沒有來得及修，就去世了！

　　皇帝朱常洛才四十多歲，按理來說身體應該是很健康的啊！怎麼會忽然之間就死了呢？太醫們說，皇帝前幾天因為操勞過度，身體有些不舒服，本來也不是什麼大病，吃點藥，休息幾天就好了。這時，御藥房有一個叫崔文升的太監給皇帝拿了一服瀉藥過去。這下可好了，皇帝吃了瀉藥之後，一晚上拉了三四十次肚子，差點兒虛脫，連牀都下不了，更不要說走路了。

　　這時又有一個叫李可灼的官員給了皇帝兩粒紅色的藥丸，說是祖傳秘方，包治百病！皇帝高高興興地吃了。唉，這皇帝也真是的，藥也是可以亂吃的嗎？這第一粒藥吃了還有點兒效果，可是這第二粒藥一吃下去，皇帝馬上就暈過去了。一群人圍着叫，也沒有把他叫醒。

　　第二天，太醫們趕過去一看，皇帝連呼吸都沒有了。

（摘自《皇宮奇聞錄》）

耍無賴的最高境界

各位讀者，相信你們每個人都見過喜歡耍無賴的人，但是你們知道耍無賴的最高境界是什麼嗎？哈哈，讓我來告訴你們一個故事，聽完你們一定會對這個耍無賴的人佩服得五體投地。

短命皇帝朱常洛繼位之前，頗為器重他的兒子朱由校（音同較）。但是，朱由校的媽媽王才人（宮廷中地位比較低的嬪妾）並不被皇帝寵愛，所以她就算有一個被器重的兒子，日子也並不好過。皇帝當時最喜歡的人是李選侍（地位比才人高）。李選侍仗着皇帝的寵愛，經常欺負王才人。日子久了，王才人受不了了，就拿了一根繩子上吊自殺了。

俗話說：「沒媽的孩子像根草！」媽媽死了之後，朱由校經常被李選侍欺負，見了李選侍跟老鼠見了貓似的，日子過得非常淒慘。但是，老爸朱常洛才做了一個月的皇帝，就被閻王叫去了，於是十六歲的太子朱由校順理成章地成了皇位的繼承人。

兒子，
永別啦……

不過事情沒有這麼順利。在朱由校即將登基的這個節骨眼兒上，李選侍出現了。她扣押了朱由校，說是他親媽死得太早，所以他不能做皇帝。這是什麼破理由啊？大臣們急了，紛紛上書，要求李選侍把皇帝朱由校還給他們，李選侍硬是當成沒聽見。最後還是太監王安把皇帝騙出來的。

李選侍看到皇帝被騙走了，於是賴在乾清宮不走，一定要讓皇帝封她為皇太后。這也太無賴

了吧？皇帝跟你沒有半點關係，憑什麼好處全歸你啊？大臣們怒了，讓她趕緊滾蛋，不然就對她不客氣了。李選侍的臉皮就是厚，死都不走。皇帝讓她搬走，她也不聽，最後又是太監王安跟李選侍說：「你還是趕緊走吧。萬一皇帝要是真的生氣了，小心你吃不了兜着走！」李選侍這才從乾清宮離開。

現在大家看到了吧，天底下竟有這麼要無賴的人！

（摘自《宮廷八卦報》）

皇帝自述　我最喜歡的事 ── 做木工

我做皇帝以來，總結了一下，基本上每個做皇帝的人都會愛上兩件事兒，第一，追求長生不老；第二，美女。你們想想看，我的祖先們不就是這樣的嗎？我覺得這也太沒有追求了！我就喜歡不走尋常路。我的最愛是做木工，覺得那是全世界最好玩的事情。你們想想看，一根木頭

經過砍、鑿之後，就變成了一件漂亮的家具，這難道不是跟變魔術一樣神奇嗎？

我花了很多時間去研究木工，取得了不少成績。我發現皇宮裏面的牀做得非常笨重，做一張牀要砍好幾棵大樹，真是浪費。而且做出來之後，幾個壯漢都搬不動，躺上去還嘎吱嘎吱地響。於是我設計了一張圖紙，花了一年的時間做了一張新的牀。這種牀不僅輕便，更重要的是，不用的時候還可以折疊起來。哈哈，這下可把那些木匠師傅們嚇傻了。看着他們呆若木雞的表情，我真是覺得好過癮。

慢慢地，家具做膩了，我又開始做一種玩具，用木頭雕刻一些人的樣子，有男的，有女的，也有老人和小孩。由於我雕刻得很逼真，大家都說很好看。一開始我以為他們是在哄我開心，就讓太監們帶着這些木頭人到街上去賣（當然不是以我皇帝的名義啦）。沒想到很多人爭着買，而且出的價格一個比一個高，很多人為了搶着買我的玩具差點打起來。我知道後非常開心。

從那以後，我越來越愛做木工了，每天都要做到很晚才睡覺。反正宮裏的太監也很多，都叫過來做我的幫手。慢慢地，我的手藝也越來越好了。我覺得做木工是全世界最好玩的事情。

（摘自《朱由校自傳：木匠皇帝傳奇》）

被稱為「九千歲」的太監魏忠賢

七嘴八舌

咱們大明朝現在的皇帝雖然叫朱由校，但是真正的權力卻是掌握在一個叫魏忠賢的太監手裏。大家都稱呼皇帝為「萬歲」，魏忠賢呢，只比皇帝少一千歲，被稱為「九千歲」，而且很多人「只知有忠賢，而不知有皇帝」。天下人對他議論紛紛，到底大家都是怎麼看的呢？

皇帝（朱由校） 💬 遼東發生大敗，那些文官們不肯拿出解決辦法，尤其是那群東林黨，天天只會爭吵，我下了兩道詔書制止，他們還在互相指責，推卸責任！如果他們指揮打仗的本事有罵人的一半就好了！他們以為我什麼都不懂嗎？我也有派東廠去調查過的！還是魏忠賢這種太監使喚起來比較容易，讓我比較省心。

張皇后 💬 魏忠賢真不是個好東西，害死了不少皇帝的妃子。有個妃子懷孕的時候，被魏忠賢派去的人害得流產了，還有一些妃子被他逼得上吊自殺了。最可憐的是裕妃，正懷着孩子呢，不知道怎麼得罪魏忠賢了。魏忠賢把她關起來，活活餓死了！

張公公（宮廷小太監） 💬 哎喲，您說魏忠賢魏大人呀，他可是我的偶像啊！你們想想看啊，現在皇帝整天只知道做木工，什麼事情都是歸魏大人管着。他現在可風光了，好處也拿了不少。唉，真是令人嫉妒啊！不知道什麼時候我才能跟他一樣呢！

劉偉（朝廷官員） 💬 說起這個人我就頭疼。你說他做了那麼多壞事，怎麼老天不讓他被雷劈死呢？咱們做官的可真是敢怒不敢言啊！很多讀書人，還有我們很多做官的同事，因為反對他，都被害死了。

現在很多無恥之徒還要在各地設立生祠。你們也許不知道什麼叫作生祠，但是祠堂總聽說過吧？如果一個人活着的時候做了很大貢獻，死了之後老百姓們就會設立祠堂來紀念他。可是魏忠賢還活得好好兒的呢，就要別人給他設立祠堂，這就叫作生祠。我是真的很不想做這件事啦！不過現在也是沒辦法！

（特約記者　劉一守）

王恭廠大爆炸之謎

各位讀者朋友，今天是天啟六年（1626 年）五月初六，早晨巳時（9 時—11 時）左右，位於北京城西南隅的工部王恭廠火藥庫發生了一起離奇的大爆炸。

我們的記者火速趕往現場，發回了具體、翔實的報道。

王恭廠現場記者 💬 從爆炸現場我們可以看到，這次爆炸非常嚴重，而且波及範圍也非常廣。根據初步統計，這次爆炸面積大約有 2.5 平方公里，在此次爆炸中死傷人數有一萬多人，死去的牲口和毀壞的房屋更是不計其數。

在現場我們可以看到，路面上有很多的屍體，還有大量的士兵和醫生在救援。奇怪的是，這次遇難的人不管男女老少，都赤身裸體，身上的衣服都被強風吹跑了。

王恭廠爆炸案的幸存者 💬哎呀呀，這到底是怎麼回事啊？千百年來還沒有遇到過這樣的事情哪！今天本來天氣好好兒的，忽然從西南邊傳來一聲巨響，王恭廠附近升起一朵像蘑菇一樣的雲，很快周圍幾十里地都淹沒在塵土裏面。天空一下子就黑了，房子跟風中的蘆葦一樣不停地抖動，還不到一盞茶的時間，這附近的房子都稀裏嘩啦地倒了。以前皇帝在這裏修了一座象房，用來關大象的，現在也倒了，大象們到處亂竄。

還沒等我們反應過來，又有一聲巨響，地上平白無故出現了兩個大坑，裏面煙塵滾滾，煙霧朝着東北方向飄去。我被震暈在地上，還好這次命大，沒有被震死。記者啊，這到底是怎麼回事啊？誰可以來解釋一下啊？

王恭廠的負責官員 💬記者啊，你們來得正好。這件事情麻煩你們一定要跟百姓們解釋清楚，這次爆炸真的不是我們王恭廠的過錯啊！

你們也知道，從明成祖永樂年間開始，神機營（即火槍隊）因為有着很強的戰鬥力，所以成了咱們的主力部隊。神機營的主要武器是火槍，火槍上所有的鉛子和火藥都是我們王恭廠製造的。這次爆炸的地點在我們王恭廠，所以很多人都覺得是王恭廠操作不當引起了爆炸。

真是冤枉啊！這次爆炸我們真的不知情，是突然發生的。我們這裏也死了很多人，至於是什麼原因，現在誰也不知道。

京城現場記者 經過多方走訪，發現這次爆炸造成的死傷不計其數，而且根據現場的各種情況來推測，應該不是爆炸引起的。因為無論如何，一個王恭廠的火藥爆炸，是不可能有這麼大破壞力的。

我們在順承門（今宣武門）外發現一隻五千斤重的大石獅滾到了馬路中間。仔細一看，這獅子原來是立在石駙馬街上的，怎麼跑到順承門來了？另外，西安門一帶有無數的鐵渣從空中飛落下來；長安街一帶的天上居然掉下很多人頭，有的沒了鼻子，有的沒了耳朵，看上去非常恐怖；德勝門外居然飛來了 20 多棵大樹。

在這一帶活動的人也都遭了殃，好幾個官員的轎子被砸壞，有的官員手腳被折斷，還有的被震死在家裏，有的房子倒了，一家人都被埋在地下。承恩寺的大街上有一個女人坐在轎子裏，爆炸發生之後，人們只看到轎子被炸碎了，轎夫和裏面的女人卻人間蒸發了。

咱們的皇帝感覺到震動之後，馬上從乾清宮衝出去，直奔交泰殿。這時候瓦片掉下來，正好砸中了他身邊侍衛的頭。很多正在修建大殿的工匠也從高空震下來，摔成了肉餅。

現場直擊　天啟帝遺言

天啟七年，朱由校臨危前，把皇位傳給弟弟朱由檢，對弟弟進行了一番交代：

我的身體一直就不好，這都是因為我以前老是貪玩，不注意養生造成的，加上最近喝了尚書霍維華送來的「靈露飲」，肚子脹得跟懷了幾個月身孕一樣，牀都不能下。這藥肯定是霍維華從哪個賣狗皮膏藥的江湖郎中那裏買來的。真是氣死我了！我今年才二十三歲，但是我覺得，屬

於我的時間已經不多了。

你也知道，我的幾個孩子沒有一個是健康存活下來的。第一個兒子生下來就是個死胎；第二個兒子很早就死了；第三個兒子被嚇死了。總之，現在連可以繼承皇位的人都沒有，所以我希望，我死之後由你繼承皇位。我們兄弟倆一起長大，我一直就非常看好你。為了我們大明朝的將來，你可一定不要推辭呀！

我不是一個好皇帝，活着的時候整天惦記着做木工。有時候我在想，如果我沒有出生在帝王之家，而是生活在一個普通人的家裏，做一個木匠，替別人做一些桌子、椅子之類的，賺錢養活全家，也許我會更加開心。你做了皇帝之後可千萬不要學我，一定要把咱們明朝管好，讓老百姓們過上幸福的生活。弟弟你會成為堯舜一樣的明君的，大明就交給你了。

我在天上也會保佑你的！

記者觀察 新皇帝對付魏忠賢的四步曲

魏忠賢招人恨已經不是一天兩天的事情了，但是有皇帝給他撐腰，魏忠賢可以隨便折騰，還有不少人靠奉承他當了大官。

現在新皇帝（朱由檢）登基了，他跟魏忠賢過了幾招。魏忠賢的招數爛透了，還是老一套——美人計！打包了幾個美女送給皇帝，結果皇帝不吃那一套。魏忠賢已經黔驢技窮，很快就敗下陣來，而皇帝的招數才剛開始。

第一招：剪其枝葉

皇帝先把魏忠賢的夥伴和靠山 —— 客氏 —— 趕出了皇宮。客氏是老皇帝朱由校的奶媽，壞事做了不少，但是朱由校看在她是自己奶媽的分兒上，都不跟她計較。現在新皇帝把她趕出了皇宮，魏忠賢也沒有多在意。

第二招：營造聲勢

客氏被趕出去之後，朝廷上忽然出現了很多彈劾魏忠賢和魏黨（即依附魏忠賢幹壞事的人）的奏摺。皇帝每天在上朝的時候唸，幾乎三天三夜都唸不完。魏忠賢仗着自己勢力大，這些東西也不放在心上。

第三招：牛刀小試

皇帝看魏忠賢沒有什麼動靜，於是免去了他司禮監和東廠的職務，罰他去鳳陽給死去的皇帝們守陵墓。魏忠賢自然是一百個不樂意，但是也沒有做什麼大反抗。

第四招：攻心計

魏忠賢一個人非常淒涼地去鳳陽，途中住在一個小客棧裏。這時候外面有人唱了一首非常悲涼的歌：「隨行的是寒月影，吆喝的是馬聲嘶。似這般荒涼也真個不如死。」魏忠賢這時候一人把年紀了，想着自己以前過得榮華富貴，現在卻落得這個下場。要是皇帝以後不讓自己回去，還不如死了算了，於是就上吊自殺了！

（記者　劉一守）

迎闖王，不納糧

各位父老鄉親：

我是闖王李自成。這些年，咱們天下的老百姓都受苦了。明朝的皇帝們沒有幾個像話的，不是喜歡跑出去玩，就是喜歡煉仙丹，還有就是喜歡做木工！加上這幾年天災不斷，洪水、乾旱、蝗蟲，一撥接一撥。還有後金（由努爾哈赤在滿洲建立的政權，是清朝的前身）那些軍隊也時不時過來搶劫一下，咱們的日子一天比一天苦。

可是你們想想看，皇帝做了什麼呢？皇帝朱由檢為了抵抗後金的入侵，籌集軍費，不停地要我們納稅，不停地要我們出兵打仗。他們當官的吃得飽、穿得暖，絲毫不為我們老百姓考慮。那些王爺、大官、地主、富商，個個都富得流油，稅收卻全部落在我們吃不飽飯的窮人頭上！

咱們與其這樣被餓死、在戰場上被打死、被狗官們害死，還不如造反！我拉起了一支隊伍跟朝廷對着幹，已經打了不少的勝仗。如果大家願意跟着我的話，我保證給大家一個好的生活。凡是打開城門迎接我的部隊的人，都可以免除他們的稅收，也不用繳納糧食！

闖王李自成

皇帝的檢討書

一般來說，皇帝是全天下最牛氣的人，只有別人做錯事向他認錯，很少見皇帝向別人認錯的。皇帝嘛，就算錯了，也可以把責任推給別人。

但是咱們這位皇帝，登基沒幾年，認錯認了六次，還不是跟大臣們認錯，而是跟天下人認錯。每一次認錯都寫了檢討書（也就是「罪己詔」）。

第一次：崇禎八年（1635 年）正月，在各地流動作戰的遊擊部隊 —— 陝西農民軍突然打到了鳳陽。這可是開國皇帝朱元璋的老家呀！這支平時不怎麼起眼兒的軍隊到了鳳陽之後，展開地毯式搜索，把朱元璋祖宗十八代的墳墓都挖出來燒掉了。

皇帝知道後大為震驚，馬上調派軍隊去圍剿這群不知天高地厚的家夥，並在十月份的時候，寫了第一份檢討書，向天下臣民承認朝廷的錯誤。

第二次：崇禎十年（1637 年）閏四月，全國範圍內發生大旱災。老天爺好像忘了還有下雨這回事，每天都是曬死人的大太陽。幾個月下來，植物都被烤焦了，糧食也顆粒無收，滿大街都是餓死的人，走在路上都可以踩到屍體。那些官員們卻不顧大家的死活，只管逼着百姓們繳稅、納糧。炎熱的太陽點燃了百姓們心中的憤怒，很多地方開始造反。

皇帝也曾經去祈雨，不過上天貌似不給面子，不管怎麼祈雨就是不下。皇帝心裏也非常着急，於是寫了第二份檢討書，希望能感動上蒼，降下雨來。

第三次：崇禎十五年（1642 年）對皇帝朱由檢來說是非常悲慘的一年，一年到頭沒有消停過。

一月份，清廷（即之前的後金，現在已經建立大清朝廷與明朝對抗）在東北鬧騰得非常厲害。皇帝招架不住，但是又拉不下面子，只好秘密派人去跟清廷談判，求他們不要再打了。

二月份，闖王李自成佔領了襄城（今河南省許昌市），順便把陝西總督給「咔擦」了。

三月份和四月份，清廷佔領了山海關外的好幾座城池，還殺了不少明朝官員。

五月份，闖王李自成帶人把開封（今河南省開封市）圍了個水泄不通。

七月份，皇帝最愛的田貴妃死了。皇帝悲痛欲絕，幾天不吃不喝，差點跟着去見了閻王。

八月份，有一個官員把皇帝派人秘密跟清廷議和的事情抖攬了出來。這下馬蜂窩可捅大了，不少官員指着皇帝的鼻子罵。皇帝惱羞成怒，把那個大嘴巴的官員殺了，與清廷談判的事情也徹底沒戲了。

九月份，李自成還死死地圍着開封城呢，結果正好遇上黃河決堤，開封城裏的幾十萬百姓就這麼餵了魚。

十月份，李自成……還是李自成，他把陝西總督的兵馬打了個潰不成軍。

十一月，清軍又來搶劫了，這次他們打到山東，抓了三十多萬人，還殺了幾百個官員。

閏十一月：皇帝寫了第三份檢討書，作為年終獎發給天下百姓。

第四次：崇禎十六年（1643 年），皇帝的行程排得非常滿。

一月：李自成給皇帝送來一份請帖，說自己在襄陽建立了政權，請皇帝去喝喜酒。

二月：京城開始流行一種傳染病 —— 瘟疫。人人談之色變。

五月：造反頭子張獻忠帶領了一支隊伍，與明朝軍隊進行了一場艱

巨的軍事拔河比賽，贏得了獎品——武昌，還建立了自己的政權。

六月：皇帝的日子過不下去了，等不到年尾，又寫了一份檢討書發給天下百姓。

第五次：這些年皇帝的「罪己詔」越寫越多，但是一點兒用都沒有，起義的農民照樣起義，搶劫的清廷繼續搶劫。崇禎十七年（1644 年），皇帝又迎來了忙碌的一年。

一月：讓人恨得牙根癢癢的老朋友——闖王李自成又給皇帝寄來了一張請帖，說自己在西安做了皇帝，國號「大順」，請皇帝有空去坐坐。另外還派了兩路軍隊去北京，不是去送禮的，而是去打仗的。

有人找上門來打架，總不能做縮頭烏龜吧？皇帝選了大學士李建泰做督師，讓他帶兵去迎戰李自成。

三月：李建泰帶着人去了，但是很快又回來了。為什麼？因為李自成已經帶着軍隊打到北京城下了，李建泰自己也投降了李自成。皇帝的第一反應不是找人去抵抗，而是認真寫了一封檢討書，企圖感動老百姓，最好把李自成也感動了。不過李自成把這份檢討書扔到一邊，繼續進攻。

第六次：臨死前的血書。見下文。

朱由檢 自述 我不是亡國之君

編者按 💬 明思宗朱由檢，明朝最後一個皇帝，年號崇禎。即位後大力鏟除閹黨（即太監和他們的同黨），勤於政事，節儉樸素，並六下「罪己詔」，但其性格剛愎自用。崇禎十七年（1644 年），李自成軍攻破北京後，朱由檢於煤山自縊身亡，終年三十五歲。

明朝從建立到現在，一共經歷了二百七十六年。二百七十六年的光陰有多久？像一片葉子凋零那麼短暫，又像長河中奔騰的流水那麼漫長。時光竟然過去了那麼久，久到整個大明朝的百姓已經再也記不得明太祖朱元璋開天闢地的氣勢，再也記不起鄭和七下西洋的輝煌。而時光竟然也那麼迅速，迅速到整個帝國的崩塌，好像只有一秒鐘。我已經聽到了摧枯拉朽的聲音。

　　曾經讓所有人都膜拜的大明帝國已經漸漸沉入黑暗了。雖然我曾經做了很多的努力，但最終發現都是徒勞。要怪誰呢？怪我那個整天只想着做木匠的哥哥，還是責怪不願意上朝的萬曆皇帝（朱翊鈞）呢？好像誰都不能責怪，是命運選擇了我，讓我作為這個王朝的終結者。

　　我之前寫過五份「罪己詔」，我懇求天下百姓相信我，幫助我。我也在懇求上天給我時間，讓我有機會挽救這個王朝。但是歷史的車輪一路向前，把我撞翻在地。

　　既然我沒有辦法抵抗，那麼我至少要有尊嚴地死去，不能落在敵人手中。

　　我不能保衛這個王朝，那就用生命為它送葬吧！我咬破自己的手指頭，用血寫了一封信，是寫給我的敵人和對手的：「我登基十七年了，造反的人直逼京師，都是那些大臣害了我呀！我死了之後沒臉去見列祖列宗，只有取下皇冠，披頭散髮，讓你們去分屍吧。只是不要傷害我的百姓！」

　　第二天早晨，我帶着這份血書登上了紫禁城北面的煤山（今景山公園）。三尺白綾在我眼前飄蕩，而整個帝國已經千瘡百孔。我流下了最後一滴眼淚。

　　再見，我的大明帝國⋯⋯

大明實用書籍暢銷榜

　　根據去年全國各地書店銷售業績來看，有三本書賣得最好。它們分別是李時珍的《本草綱目》、徐光啟的《農政全書》和宋應星的《天工開物》。這三本書為什麼賣得這麼好呢？答案是：它們都是工具書呀，屬於實用書籍。就像你們現在桌上的字典一樣，學生必須人手一本。

　　不過，本報經調查發現，這三本書中，《農政全書》賣得最好，其次是《天工開物》，最後才是李時珍的《本草綱目》。

　　來聽聽讀者朋友們是怎麼說的。

《農政全書》—— 農民生產生活必備

　　徐光啟可真是造福我們農民的大好人啊！自古以來，農業是國家之本，但是農業方面的書籍真的特別少。北齊有個叫賈思勰的人，寫了本《齊民要術》；元朝有個叫王禎的人，寫過一本《農書》。可是這些書遠遠沒有《農政全書》那麼完整哦！

　　而且我跟你們說啊，《農政全書》可是貨真價實的農書，而不是關起門來坐在家裏想出來的。徐光啟是一個大官，他怎麼會知道那麼多種地的知識呢？

　　後來我才知道，他小時候家裏就是務農的，後來做了大官，也一直對種地感興趣。他爹去世之後，他守喪三年。在這三年中，他一直在種地，積累了不少的經驗。退休之後，他已經七十多歲了，還在老家種地呢。

　　書裏面詳細地介紹了如何種植棉花。我按照書上寫的去做，哎呀，我家的棉花一下子大豐收了！

還有，他特別喜歡新鮮東西，一聽說福建一帶有種叫「甘薯」的東西，特別好養活，不管肥料充足還是土壤貧瘠，都能高產，就特地請人從福建弄了一些過來。後來發現果然如此。現在，我們全村都種植了甘薯呢！

　　書裏面還記載了如何防治蝗蟲。哎呀，你可不知道，這蝗蟲真是太可怕了，來的時候烏泱泱的一大群，遠遠地看上去就像烏雲佈滿了天空。有人看到了，就要敲着鑼大喊：「蝗蟲來了！蝗蟲來了！」這時候大家都嚇得說不出話來，趕緊抱着孩子，攙着老人，把門窗都關起來，進屋去躲着。

　　蝗蟲過後，整個村子就像被掃蕩了一樣，地裏的莊稼、山上的樹木，都被咬得光禿禿的。有時候甚至雞鴨都被啃得只剩下一堆骨頭，別提有多恐怖了。我現在只要一想起這個場景，就不寒而栗啊！

　　徐光啟把從春秋時期到元朝的 111 次蝗災都分析了一遍，然後提出了很多防治蝗蟲的辦法，這可幫了我們的大忙了。

　　而且這本書還有一項非常重要的內容，那就是如何備荒。沒有飯吃的日子不好過啊，一頓兩頓不吃還能忍得住，要是一個月兩個月沒米下鍋，這是會餓死人的呀。到了荒年，大家吃樹葉、啃樹皮、逮老鼠，有時候甚至吃土。這土吃下去不能消化，就活活把人給撐死了。地裏雖然有很多野草、野菜，但是有毒的吃下去，也是不得了啊。《農政全書》裏面就記載了 414 種能吃的野菜。

　　當然，我是不識字的，都是村東頭的張先生把書裏的知識講給我聽的。

（供稿人　農民代表王二狗）

《天工開物》── 手工業者的致富寶典

我們大明朝與以前的很多朝代相比，有一個突出的地方，那就是手工業發達。手工業包括珠寶製造、開採金屬、釀酒、造紙和煉糖等等。而在這個行業，什麼最重要？當然是技術！

所以，在從事手工業之前，任何人都應該好好兒讀一讀宋應星的《天工開物》。這本書裏記載了各種各樣的技術。

在書的上篇，記載了如何種植糧食，如何給衣服染色，如何生產鹽，如何生產糖……這些都與我們的日常生活相關呢。

舉例說染色吧。這本書是很多大染坊的指導書，參考書上的做法可以染出很多種新鮮的顏色來。一般的家庭也應該買一本回去，有時間在家裏染衣服，又方便又省錢。

至於如何生產鹽，這可太重要了。別看鹽不起眼兒，要是幾天不吃鹽，人就會沒精打采，使不上力氣。還有糖，不管是種植甘蔗還是養蜜蜂，都不是一件容易的事兒，看了這本書，再來操作可就容易多了。

中篇記載的東西就比較專業了。你看，裏面寫着如何製造車輛，如何造紙，如何製造鐵器和銅器，如何燒製陶瓷……都寫得特別詳細，很多做生意的人，都買回去對着操作呢。

下篇就更複雜了，包括如何釀酒，如何製作珠寶首飾，如何製造顏料，如何開採金屬……宋應星在書裏面記載了一種新金屬，叫作「鋅」。他還詳細介紹了應該如何冶煉，冶煉好之後再跟銅放到一起，直接熔煉就可以得到黃銅。

我們兄弟幾個是開採冶煉金屬的。上次我們參考着書試了幾次後，果然成功了！這下我們發大財了！

（供稿人　手工業者金三福）

《本草綱目》—— 居家實用防病指南

人活一輩子，不可能從不生病。生了病要看醫生，要吃藥嗎？答案是肯定的。既然如此，那為什麼大家不去買一本《本草綱目》呢？沒事翻着看看，可以了解一些醫學知識，預防疾病呀。

這本書裏詳細記載了很多種中藥，還配了插圖，一目了然。剛學醫的小徒弟們都要攜帶着這本書去上山採藥。光是認識還不夠，書裏面還詳細分析了每種藥的性能、功效以及炮製方法。除了這些專業知識，裏面還有很多生活常識。比如說不能用錫做酒壺，因為錫很容易溶解在酒裏，人喝下去，很容易中毒。

書中的知識李時珍很多都親自驗證過，非常可信。比如說他曾經聽說穿山甲是用身上的鱗片來捕捉螞蟻的，就決定試驗一下。他捉來一隻穿山甲，經過長時間的觀察，終於發現了穿山甲的秘密：牠把舌頭吐出來，曬在太陽下後會發出一股腥味。螞蟻聞到了，還以為是食物，就成群結隊地爬上舌頭。穿山甲再把舌頭一縮，就美滋滋地吃了一頓。穿山甲是用鱗甲來捉螞蟻的謠言就不攻而破了！

因為他的這股認真勁兒，大家都很信服他寫的東西。不過有一點我們不贊同，那就是他認為水銀無毒，多吃水銀可以成仙，可以長生。水銀明明是有毒的呀，吃多了人就會中毒而死。死了能算「成仙」嗎？

（供稿人　醫務工作者張明華）

知識
測試

1. 萬曆年間，制定「一條鞭法」和「考成法」的內閣首輔是：

   A. 海瑞　　　B. 張居正　　C. 嚴嵩

2. 哪位皇帝愛好木工？

   A. 朱由校　　B. 朱由檢　　C. 朱常洛

3. 率軍攻入北京，迫使明思宗朱由檢自殺的農民起義領袖
   是誰？

   A. 張獻忠　　B. 李自成　　C. 左良玉

答案：1. B　2. A　3. B

歷史 中國
史 國
明 報

責任編輯　黃　帆
裝幀設計　黃安琪
排　　版　沈崇熙
印　　務　劉漢舉

主編
李樹芬　譚海芳

編寫
吳旦旦　楊敏華

出版
中華書局（香港）有限公司
香港北角英皇道 499 號北角工業大廈一樓 B
電話：（852）2137 2338　　傳真：（852）2713 8202
電子郵件：info@chunghwabook.com.hk
網址：http://www.chunghwabook.com.hk

發行
香港聯合書刊物流有限公司
香港新界大埔汀麗路 36 號
中華商務印刷大廈 3 字樓
電話：（852）2150 2100　　傳真：（852）2407 3062
電子郵件：info@suplogistics.com.hk

印刷
美雅印刷製本有限公司
香港觀塘榮業街 6 號海濱工業大廈 4 樓 A 室

版次
2019 年 1 月初版
©2019 中華書局（香港）有限公司

規格
16 開（170mmX240mm）

ISBN
978-988-8571-88-8